清末民初外國在華銀行交涉檔案

QINGMO MINCHU WAIGUO ZAIHUA YINHANG JIAOSHE DANG'AN

2

《清末民初外國在華銀行交涉檔案》編寫組 編

廣西師范大學出版社
GUANGXI NORMAL UNIVERSITY PRESS
·桂林·

第二册目録

清理天津德華銀行案

國民政府接收前外交部案卷

商三

第千六六號

清理天津德華銀行案

中華民國六年十二月 起止

抄檔一冊

字 號

清理天津德華銀行案抄檔

通商司廳 榷算科 門 類 原股司

共收文三十七件 共發文三十三件 附 件 計錄 件

繕竣 送司廳

總目錄

押收天津德華銀行案

文別	事由	收發日期	原編號數	附記
收財政部咨一件	天津德華銀行推其照常營業應否與英使接洽請酌辦由	六年三月三十日	日字二九六一號	
發財政部咨一件	天津德華銀行既推其營業似毋庸與英使接洽由	六年四月六日	力字五四二號	
收財政部咨一件	德華銀行事既毋庸詢商英使惟英願態度如何應密令調查報告由	六年四月二十三日	日字三七九五號	
發天津漢口上海廣州濟南交涉員電一件	押收德華銀行由	六年八月十三日	力字一二七一號	
發天津特派員電一件	接收德華銀行事希會商英領并與津行經理楊毓璋洋員盧克師會辦接洽由	六年八月十四日	字號	
發天津交涉員函一件	郵寄處置德華銀行方法印件由	六年八月十四日	力字一二七二號	
收直隸特派員電一件	押收德華銀行情形由	六年八月十五日	字號	
發直隸特派員電一件	接收德華銀行勿庸與和館接洽由	六年八月十五日	力字一二九五號	
收天津特派員電一件	德華經理交業楊經理等接收檢查由	六年八月十六日	字號	
收直隸特派員稟一件	清理德華銀行情形由	六年八月二十日	月字一一三六號	

收直隸省公署咨一件 轉咨清理德華銀行情形 由 六年九月四日 月字一八一〇號

一件 由 年 月 日 字 號

一件 由 年 月 日 字 號

一件 由 年 月 日 字 號

一件 由 年 月 日 字 號

一件 由 年 月 日 字 號

一件 由 年 月 日 字 號

一件 由 年 月 日 字 號

一件 由 年 月 日 字 號

一件 由 年 月 日 字 號

一件 由 年 月 日 字 號

收財政部咨

民國六年三月三十日　日字第二千九百六十一號

為咨行事查德華銀行本部仍准其照常營業與其他平和適當之業務一律看待業經通行直隸等省遵照在案茲查天津之德華銀行係設在英租界內究竟英領事如何對待有無設（没）收該行之意現在應否由政府與英使接洽照本部所定辦法辦理之處事關外交相應咨請貴部查核酌辦并隨時知照本部可也

發財政部咨　民國六年四月六日　力字第五百四十二號

為咨復事准上月二十八日咨稱德華銀行本部仍准其照常營業業經通行直隸等省遵照在案茲查天津德華銀行係在英租界內英領如何對待有無收設（沒）該行之意應否由政府與英使接洽照本部所定辦法辦理之處請酌辦等因查德華銀行既令照常營業若與英使接洽恐反多枝節似可無庸詢商相應咨行貴部查照可也

收財政部咨

民國六年四月二十二日　日字第三千七百九十五號

為咨復事准咨開准上月二十八日咨稱德華銀行本部仍准其照常營業業經通行直隸等省遵照在案茲查天津德華銀行係在英租[界]內英領如何對待有無設[没]收該行之意應否由政府與英使接洽照本部所定辦法辦理之處請酌辦等因查德華銀行既令照常營業若與英使接洽恐反多枝節似可無庸詢商等因到部查此事既經貴部咨復毋庸詢商英使自應照辦惟英領對待該行究係持何種態度似應咨令直隸交涉員加意調查隨時報告相應咨請貴部查照辦理可也

濟南交涉員電　民國六年八月十二日　力字第一千一百七十號

發天津漢口、上海廣州

該處德華銀行應即日會同財政廳及中國銀行所派人員向領事團切商先行押收辦法另詳外交部

濟南、上海廣州特派員德華行事已商英使飭英領於明晨派警看門應與接洽已刻會同中銀人員前往押收外交部

天津漢口特派員德華行事即與中行人員於明日巳刻前往押收外交部

發天津特派員電　民國六年八月十四日

接收德華銀行事希會商英領并與津行經理楊毓璋洋員盧克師會辦接洽

原文見上海德華案

發天津交涉員函 民國六年八月十四日 力字第一千二百七十二號

郵寄處置德華銀行方法印件

原文見上海德華案

收直隸特派員電

民國六年八月十五日

北京外交部鈞鑒十碼德華行事十三日兩電敬悉今晨先與英領事接洽午後三鐘會同中國銀行經理財政廳委員赴英界接收該行早已騰空移設特別區隨往該區行內見經理德人勞立士告知奉令押收該經理謂未奉和使及總行命令無權交出駁辯再三彼堅執須請示再定當告以今日即可不交出但自今日起即應停止營業隨商由管理局派警監視榮良並立與和委員交涉彼謂已電達公使請示乞鈞部迅與和使商定電令祗遵並請轉中國銀行王總裁查核榮良叩十四日

發直隸特派員電　民國六年八月十五日　力字第一千二百九十五號

十四日電悉德華京行在使館界滬行在租界均已接收妥洽津行既移在特別區應即會同中國銀行及財政廳委員實行接管勿庸與和館接洽應即知照該經理迅往接收

收天津特派員電　民國六年八月十六日

外交部鈞鑒已本日[午後]兩鐘榮良會同中國銀行楊經理財政廳委員並洋員盧克斯赴特別區德華銀行見經理德人勞克士催促即日交出彼仍執昨議多方推託當經嚴重駁論彼始允交業於午後四鐘接收由楊經理盧洋員等分別檢查辦理謹聞並請轉中國銀行王總裁榮良叩十五日

收直隸特派員稟

民國六年八月二十日　月字第一千一百三十六號

總次長鈞鑒八月十五日接奉鈞部公函並附發處置
德華銀行方法一件飭即商承省長會同財政廳妥
慎辦理並先期與領事團接洽等因查津埠德華銀
行向設在英租界內十四日早本特派員先將押收
辦法函與英領接洽旋於是日下午三時會同中國
銀行經理楊毓璋財政廳委員陳大斯前往接收詎
該行早已騰空祇餘房屋傢俱查係現在移設特別
區營業邇至該區行內見經理德人勞立士告知奉
令押收情形該經理謂未奉和使及總行命令無權
交出皷辯良久因四時須往收奥界當告以今日即

不交出但自今日起即應停止營業一面遴商田管
理局派警監視嗣又往晤和委員交涉十五日洋員
盧克斯來津復於是日下午二時偕同盧洋員暨中
國銀行財政廳各人員前往該行催促勞立士即日
交出彼仍多方推託當與嚴重談判告以奉令原屬
押收無庸徵取同意必不得已祇可強制執行彼始
謂現既無力抵拒祇能照交惟聲明敵經理一方面
仍持抗議態度當時遂令將所有賬箱銀櫃鑰匙概
行交出由洋員盧克斯收執即於是日下午四時將
該行接收所有一切存款及賬目簿據均由該洋員
會同楊經理等分別檢查清理以上各情形除業於

十四十五日兩日先後電呈外十六日下午二時復約同在事各員赴英界行內檢查一過以憑着手清理一面將奉發處置德華銀行方法呈報省長並函致財政廳暨中國銀行一體查照執行處置應俟清理就緒再將執行情形隨時據實報告所有遵令會同押收天津德華銀行各緣由理合稟復鈞部鑒核令遵實為公便

收直隸省公署咨

民國六年九月四日　月字第一千八百一號

直隸督軍兼省長公署為咨請事案據特派交涉員呈稱中華民國六年八月十五日奉外交部公函內開對德宣戰後各處德華銀行亟應由我收管業於本日將大要辦法電達在案茲將處置該銀行方法九條油印兩份郵寄台端即希商承省長會同財政廳妥慎辦理並先期與領事團接洽以免別生枝節是為至要等因並附件奉此查津埠德華銀行向設在英租界內十四日早本特派員先將押收辦法面與英領接洽旋於是日下午三時會同中國銀行經理楊毓璋財政廳委員陳大昕前往接收詎該行早已

騰空祗餘房屋傢俱查係現在移設特別區營業隨
至該區行內見經理德人勞立士告知奉令押收情
形該經理謂未奉和使及總行命令無權交出駁辯
良久因四時須往收奧界當告以今日即不交出但
自今日起即應停止營業一面逕商由管理局派警
監視嗣又往晤和委員交涉十五日洋員盧克斯來
津復於是日下午二時偕同盧洋員暨中國銀行財
政廳各人員前往該行催促勞立士即日交出彼仍
多方推託當與嚴重談判告以奉令原屬押收無庸
徵取同意必不得已祗可強制執行彼始謂現既無
力抵拒祗能照交惟聲明敵經理一方面仍持抗議

態度當時隨遂令將所有賬箱銀櫃鎖匙概行交出
由洋員盧克斯收執即於是日下午四時將該行接
收所有一切存款及賬目簿據均由該洋員會同楊
經理等分別檢查清理十六日下午二時復約同在
事各員赴英界行內檢查一過以憑着手清理一面
將奉發處置德華銀行方法函致財政廳暨中國銀
行一體查照執行處置應俟清理就緒再將執行情
形隨時據實報告除稟復外交部外理合將處置方
法照錄清摺呈請鑒核等情據此查此案前准財政
部寒電當分令查照茲據前情除分咨外相應咨請
貴部查照

行夥請薪
德人提款案

文別	事由	收發日期	原編號數	附記
收直隸特派員函一件	德華行華夥請發薪水事由	六年十月五日	月字三四六號	
發直隸特派員函一件	德華行華夥役薪金准予照給由	六年十月六日	力字一八五七號	
發德華銀行總清理處函一件	德華津行華夥役願薪事函達查照由	六年十月八日	力字一八六八號	
收德華銀行總清理處函一件	德華津行華夥支薪事未便照辦由	六年十月九日	月字三六三號	
發直隸特派員訓令一件	德華津行華夥薪金毋庸補給由	六年十月廿三日	力字二〇一七號	
收直隸特派員函一件	德華津行辦事員要求維持生計事由	七年一月十二日	盈字三七五號	附件
發天津特派員訓令一件	德奧人請提德華存款辦理手續由	六年十月卅日	力字二〇九三號	原文見上海德華案
發直隸江蘇廣東山東湖北特派員訓令一件	抄送清理德華銀行暨敵人請提月費各辦法由	六年十一月二日	力字二一四〇號	附件
收特派直隸交涉員函一件	和委代德僑請提德華存款並稱有多數停職德人要求設法維持乞核示由	六年十一月二日	月字四〇九〇號	
收和貝使函一件	瑪斯曼又請提天津德華存款事由	六年十一月七日	月字四二九〇號	

發德華銀行總清理處函	一件	德人瑪斯曼請提德華存款事希查明核辦由	六年十二月廿四日	力字二二五六號	
收京德華銀行總清理處函	一件	德人[illegible]在德華存款所稱數目不符請復和使查明由	六年十一月十八日	月字四五九九號	
發和員使函	一件	瑪斯曼存款數目究係幾何希查明見復由	六年十一月廿[illegible]日	力字三三一七號	
收和員使函	一件	瑪斯曼請提德華存款事由	六年十二月四日	月字五一九八號	
發德華銀行總清理處公函	一件	德人瑪斯曼提存事請核辦由	六年十二月七日	力字二四五五號	
收德華銀行總清理處函	一件	德人請提德華津行存款照准由	六年十二月十一日	月字五四五三號	
收和館問答	一件	德人瑪斯曼請款事由	六年十二月十三日	字號	
發和員使函	一件	瑪斯曼請提德華存款事已轉飭援月照給由	六年十二月十五日	力字二五四二號	
收直隸特派員函	一件	日本德俘在德華銀行存款事由	六年十二月二十四日	月字五九二四號	附[redacted]
發特派直隸交涉員指令	一件	日本德俘准提津行存款事應准備案由	七年一月廿四日	協字一〇六號	
收直隸特派員函	一件	德人提取寄存德華債券事由	七年一月十二日	盈字三七六號	附件

	一	由	收發日期	原編號數	附件	記
收直隸交涉員呈	一件	前德華銀行存款敵國人請領月費辦法稟案具報由	七年七月九日	昃字三五三號	附件	
收和歐使函	一件	前駐滬德領寄存天津德華銀行股票債票請飭清理員交與和領查收由	八年七月五日	宿字二三七號		
發財政部咨	一件	和使稱前駐滬德領寄存德華津行股票債票請理員不允交和領保管希查明辦理並復由	八年七月十日	平字二一〇一號		
收財政部咨	一件	前駐滬德領事寄存德華津行債票事由	八年七月圭日	宿字一二四〇號		
發和歐使函	一件	函復前駐滬德領寄存德華津行債票已轉令交由駐滬和領保管由	八年八月廷日	平字二六三一號		
收直隸特派員呈	一件	前德華銀行存款敵國人請領月費辦法分別准駁稟案呈報由	八年九月九日	宿字二八一〇號	附件	
	一件	由	年月日	字號		
	一件	由	年月日	字號		
	一件	由	年月日	字號		
	一件	由	年月日	字號		

一件　由　年　月　日　字　號

一件　由　年　月　日　字　號

一件　由　年　月　日　字　號

一件　由　年　月　日　字　號

一件　由　年　月　日　字　號

一件　由　年　月　日　字　號

一件　由　年　月　日　字　號

一件　由　年　月　日　字　號

一件　由　年　月　日　字　號

一件　由　年　月　日　字　號

一件　由　年　月　日　字　號

收直隸特派員丞

民國六年十月五日　月字第三千四十六號

總次長鈞鑒案據前德華銀行經理羅力希Lauroesch
丞稱上星期六面陳關於德華銀行華人司事各員
發給薪水一節茲查悉在中國之德華銀行所存欵
項足敷抵償本行對於中國債主之債務本行華人
在行服務多年勤勞素著現因銀行歇業以至失業
無法謀生甚屬無辜為此函懇貴特派員維持發給
本行華員三個月全薪即係發給至十一月十五日
為止以昭公允鄙人僅代表本行華員等請求貴特
派員將此項請領轉致相當官廳核辦如蒙俯允則感
激無既矣謹將本行華員姓名薪水服務年數單一

紙附並呈上以資參考等情據此查該前經理代該
行華員請願發給三箇月全薪係為體恤該行華員
起見自應據情上陳能否准如所請理合照抄清單
稟請鈞部鑒核辦轉咨財政部查核裁奪咨復令遵實
為公便
計呈送清單一紙附原檔

發直隸特派員電　民國六年十月六日　力字第一千八百五十七號

呈及清單均悉所有德華行華夥役請發薪水一事

應准以三箇月為限按月發給全薪以示體恤外

發德華銀行總清理處公函　民國六年十月八日　力字第一千八百六十八號

逕啟者案查漢口德華銀行華夥請給薪水一事前經本部函准貴處核定照付三箇月薪水有案茲又據直隸特派員呈據前德華銀行經理羅力希函稱本行華人在行服務多年勤勞素著現因銀行歇業以至失業無法謀生甚屬無辜擬請發給本行華員三箇月全薪即係發給至十一月十五日為止等語應否准如所請懇予鑒核示遵等因前來除電復照准外相應抄錄原送清單一紙函達貴處查照備案可也

收德華銀行總清理處函

民國六年十月十九日　月字第三千六百零三號

逕啟者接准貴部第二二八號函開據直隸特別員呈據前德華銀行經理羅力希函稱本行華人在行服務多年勤勞素著現因銀行歇業以至失業無法謀生甚屬無辜擬請發給本行華員三箇月全薪即係發給至十一月十五日為止等語應否准如所請懇予鑒核亦遵等因前來除電復照准外相應抄錄原送清單一紙函達貴處查照備案等因並附原送清單一紙前來當經本總清理處函詢津清理處此項華員有無必須補給薪水之處茲據該處覆稱查津德行華夥薪水前經結至八月三十一日為止並

將此項人員辭退自無再予補發三箇月薪水之必
要等語據此查天津德行所存現欵無多以之抵還
欠欵尚屬不敷至該行華夥早經辭退似無庸補給
三箇月薪水相應並達貴部希即轉飭直隸特派員
查照可也

發直隸特派員訓令

民國六年十月二十三日 力字第二千零一十七號

德華津行華夥請發三個月薪金一事業經本部於本月六日電復該特派員照准在案茲據德華銀行總清理處並據津清理處稱津德行華夥薪水前經結至八月三十一日為止並將此項人員辭退自無再予補給三個月薪水之必要等語天津德行所存現款無多以之抵還欠款尚屬不敷該華夥等早經辭退似無庸補給薪水等因請予核辦前來查此案本部前以據稱該行所存足敷抵償債款是以准予照給該華夥等三個月薪水以示体恤茲既據清理處查明該行存款實情自當加以更正所有前項准

給德華津行華夥薪水應即毋庸發給合亟令仰該
特派員遵照此令

收直隸特派員函　民國七年一月十二日　盈字第三百七十五號

次總長鈞鑒接據天津德華銀行清理處洋員盧克司
函稱茲將德華銀行辦事員要求維持生計一事代
為函請北京總清理處查照定章辦理其底稿一紙
送請察閱並祈稟請外交部備案為荷等因前來理
合照印洋文函稿並將譯出華文繕具清摺一併稟
送鈞部鑒核令遵實為公便

計稟送洋文函稿一件附原檔　又清摺一扣

照譯天津德華銀行清理處洋員致北京總清理處
函稿

敬啓者頃接前德華銀行辦事員德人臘施 Laurösch
哀令斯克 Elinske 愛斯瓦脫 Eiswaldt 塞布斯克
Czapski 諸君請願書一件要求將本年九十十一
十二四箇月薪金如數發給緣自德華銀行移交清
理處接收後該辦事員謀生之術度日維艱茲將各
該員職務及四箇月應得薪金數目分別開列於後
倘能於十二月三十一號以前將該款一一發付即
祈示復除將此函稿抄呈直隸交涉員查照外相應
專呈

計開

總理脳施	(已婚并子女二人)	月薪$400.00	四個月共計	$1600.00
副總理袁令斯克	(未婚)	仝上 200.00	仝上	800.00
協理愛斯瓦脱	(已婚)	仝上 300.00	仝上	1200.00
協理塞布斯克	(未婚)	仝上 200.00	仝上	800.00
			總計	$4400.00

發天津特派員訓令 民國六年十月三十日 力字第二千零九十三號

德奧人請提德華存款辦理手續

原文見上海德華案

發直隸江蘇廣東山東湖北特派員訓令

民國六年十一月二日力字第二千一百四號

查德興人請提德華銀行存款辦法經本部於十月三十日令仰該特派員遵照在案茲據德華銀行總清理處兩次來函稱該行現款總數以之抵還非敵國人之存款並敵國人請領日用必需之費就現狀論尚可有相抵擬定辦法函請核定見復又稱擬將領費辦法第四款暨清理德華銀行辦法第十六條關於取回寄存該行物件一節酌加解釋請於核定後將前項辦法暨解釋轉飭各特派員知照各等因並將辦法解釋各件先後附送前來本部復核無異除函復照辦並分令外合亟抄錄該處原送清理德華銀

行並存款敵國人請提月費各辦法以及解釋各節

令行該特派員遵照辦理可也此令附件

收直隸特派員函

總次長鈞鑒案准和國駐津委員函開茲有德僑人等前在德華銀行存有款項凡日用所需隨時支取以資用度自經該銀行停閉概不兌付以致該德僑等束手無策支撐維艱應請鼎力維持酌予撥付俾得養贍不致有凍餒之虞再有多數德人前在德華銀行津浦鐵路海鈔兩關之作事者業經辭退均賦閒居惟該德人等向賴薪金以使餬口今既經中國政府將其薪金停止即應要求為之設法庶免困難以上兩端統希貴特派員查照俯卹困僑迅籌良法望即速復實紉公誼等因准此查現奉鈞部十月三十

民國六年十一月二日　月字第四千零九十號

日第七十五號訓令嗣後遇有德與人請提德華存款應由該特派員逕致當地清理分處即由該分處逕請總清理處核辦等因是和委逕稱德僑等請提德華存款一節應即遵照前令辦理惟所稱尚有多數德人前在德華銀行津浦鐵路海鈔兩關之作事者現因薪金停止要求設法維持等語究應如何妥訂辦法之處理合據情稟請鈞部鑒核俯賜裁奪指令祇遵實為公便

收和目使函

民國六年十二月七日

月字第四千二百零九號

逕啟者據前在津浦鐵路辦事現住山東濟南府之德國籍人 E. Massmann 來函云伊在天津德華銀行有存款五百四十元等語查該德人及其眷屬日用所需急待此款特請貴總長設法准該德人在德華銀行每月提用一百五十元以資養贍為荷

發德華銀行總清理處函 民國六年十一月十四日 力字第二千二百五十六號

逕啟者准和員使稱前在津浦鐵路辦事現住山東濟南府之德國籍人 G. Massmann 於天津德華銀行有存款五百四十元現因本人及其眷屬日用所需急待此款請准該德人於前項存款內每月提用一百五十元以資贍養等因該德人是否在天津德華銀行存有款項其存款數目是否與和使所稱相符並應否准予按月如數提用之處相應函達貴處查明酌核辦理並見復可也此致

收北京德華銀行總理處函（清）　民國六年十一月十八日　月字第四千五百九九號

逕啟者接准貴部第二八四四號來函內開准和貝使函稱前在津浦鐵路辦事現任山東濟南府之德國籍人 G. Mossmann 於天津德華銀行有存款五百四十元現因本人及其眷屬日用所需急待此款請准該德人於前項存款內每月提用一百五十元以資贍養等因該德人是否在天津德華銀行存有款項其存款數目是否與和使所稱相符並應否准予按月如數提用之處相應函達貴處查明酌核辦理並見復等因查該德人所存天津德華銀行款項據津清理處賬單所載數目係三百五十五元七角七分並

非五百四十元相應函達貴部希即向和使查明如果數目相符應即飭知津清理處照敵國人領費辦法核准提用可也

發和貝使函

民國六年十二月二十六日　力字第二千三百一十七號

逕復者接准來函以據德人 Maasmann 稱在天津德華銀行有存款五百四十元因日用所需急待此款等語請准該德人於前項存款內每月提用一百五十元以資贍養等因業經本部函達德華銀行總清處去後茲准復稱該德人所存天津德行款項據津行賬單所載數目係三百五十五元七角七分請轉行查明再行辦理等因該德人所存天津德行款項為數究係幾何復（何）以核與賬單所載不符相應函復貴公使查明見復以憑核辦可也

收和貝使函

民國六年十二月四日　　月字第五千一百九十八號

逕啟者上月二十二日接准貴部函稱住在濟南府之德國籍人 E. Massmann 所存天津德華銀行款項據該行賬單所載數目係三百五十五元七角七分非係該德人所稱五百四十元應請轉行查詢明等因茲據報告該德人前開數目係屬錯誤現已承認三百五十五元七角七分為是按照上月六日去函所請該德人甚願每月提款一百五十元至存款提淨止以資贍養家口為荷

發德華銀行總清理處公函民國六年十二月十七日 力字第二千四百五十五號

逕啟者德人E. maasmann請提德華津行存款一事前准來函以津行賬單所載數目與和使所稱不符等因業經本部據詢該使去後茲准復稱該德人前開數目係屬錯誤現已承認三百五十五元七角七分為是甚願每月提款一百五十元至存款提淨止以資贍養家口等因查該德人存款數目現已承認實係三百五十五元七角七分應否即照請提數目准予按月提用之處相應函達貴處查照核辦並見復可也

收德華銀行總清理處函　民國六年十二月十二日　月字第五千四百五十三號

逕啟者接准貴部第三零八號函開德人G. Massmann請提德華津行存款數目不符業經據詢和使茲據覆稱該德人前開數目係屬錯誤現已承認三百五十五元七角七分甚願每月提款一百五十元以資贍養應否照准按月提用之處相應函達查照核辦並見復等因查該德人請領月費數目核與原定領費辦法尚屬相符除飭津清理處按月照給外相應函復貴部查照

收和館問答 民國六年十二月十三日

十二月十三日王景岐接晤和館卓通譯問答德人馬斯孟請款事

卓云本月三號和館前有一函代德人 Muesmann 馬思孟請求德華銀行存款按月給還之事此人刻在濟南甚老貧乞早日賜復景岐許為代催

發和貝使函　民國六年十二月十五日　力字第二千五百四十二號

逕復者德人E. Wassmann請提德華津行存款一事接准
來函以該德人已承認三百五十五元七角七分為是
甚願每月提款一百五十元至存款提淨止以資贍
養家口等因業經本部函達德華銀行總清理處去
後茲准復稱已飭津清理處按月照給等因相應函
復貴公使查照轉知可也

收直隸特派員函

民國六年十二月二十四日　月字第五千九百二十四號

總次長鈞鑒頃接天津德華銀行清理處洋員盧克司函稱前接駐滬和總領事函接據旅津德人Dr. Siebert等來函述及在日本拘留之德俘應付所存餘款各節同時又接北京總清理處函同前因囑即照例如數照給茲將該德俘姓名及付款數目開具清單送請鑒核如蒙代呈外交部備案即希亦復為荷等因前來查此案前准天津德華銀行清理處來函以奉總清理處函准鈞部函准和使署派員來部面稱青島戰事時日本所獲德俘間有存款在各處德華銀行者擬請中政府准其按月提取若干函布通行查

復等因函飭會同交涉員查明日本所獲德俘再該
處德華銀行有無存款並存戶姓名數目利息期間
開單具報核辦等因函達前來經本署分函調查有
案茲據該清理處洋員函送德俘存款姓名數目清
單並請轉呈備案理合照印清單稟送鈞部鑒核並
乞指令祇遵實為公便
計呈送洋文清單一件附原摺

發特派直隸交涉員指令 民國七年一月十四日 協字第一百零六號

據呈暨清單均悉所有日本德僑准提德華津行存款一事應准備案此令

收直隸特派員函 民國七年一月十二日 盈字第三百七十六號

總次長鈞鑒接據天津德華銀行清理處洋員盧克司函稱茲附上致北京總清理處函稿一件即請查閱該保存之債券現該德人欲提取敝處未便拒絕希即查照照章禀請外交部備案為禱等因前來理合照印洋文函稿並將譯出華文繕具清摺一併禀送鈞部鑒核令遵實為公便

計禀送洋文函稿一件附原稿 又清摺一扣

照譯天津德華銀行清理處洋員致北京總清理處差稿。敬啟者前接恒克君 E. Hunke 來函請將 敝處代為保管之天津德興公司債券銀一千兩及股票銀二千兩交還查該項票據並非 敝處之物自應以交還為是該函又云此外尚有中德工程司會名下餘存之款計洋四百十三元八角二分業經德華銀行經理員德人之許可將該款收取備為資助德國紅十字會經費之用等語如蒙允許即請示復以便遵照交付德國紅十字會查收可也

收直隸交涉員呈

民國七年七月九日　昃字第三百五十三號

呈為前德華銀行存款敵國人請領月費辦法遵章彙案具報事案奉鈞部令發存款敵國人請領月費辦法附有第四款解釋聲明交涉員及清理處查明敵國人第二款所列情形會同商定准駁彼此意見相同其應駁者即予駁斥其應准者可按照第五款比較第三款所定限制會商按月給予數目隨後彙案具報等因查此事迭准駐津和委員送到德人前在德華銀行存款者陳請單自一號至四十五號共四十五紙均經函准清理處函復核與敵人請領月費辦法相符准照辦理在案理合照印前項陳請單四

十五紙彙案呈報鈞部鑒核實為 公便
計呈送陳請單四十五紙

第壹號

陳請人鴻格謹按在德華銀行存款敵國人民請領月費之定章請由本身存款項下發給銀一百六十六兩六錢七分以資開付日用必需之費並聲明別無進項可以度日除以下所指明者外在中國各銀行亦無別項存款所陳是實

陳請人姓名 鴻格 Emil Funke

年歲 四十歲

職業 工程師

家中人口若干妻一人

存款数目利息一百六十六兩七錢六分

聲明以上所陳在中國其他銀行並無存款之處

陳請人貧富之情形前在德國老新租界充工程師職務現已告辭每月進項約洋五十元至一百元

陳請人平日生活之程度每月房租大食需洋五百元

別誌在德華銀行存有德興公司股票價值二千兩德興公司債票值價一千兩

住德界三號街門牌六號

第貳　號

陳請人篩飛阿謹按在德華銀行存款敵國人民請領月費之定章請由本身存款項下發給月費洋二百元以資開付日用必需之費並聲明別無進項可以度日除以下所指明者外在中國各銀行亦無別項存款所陳是實

陳請人姓名　篩飛阿　C. Seifer Franz Carl

年歲　五十四歲

職業　高等鑛夫長現在賦閒

家中人口若干 在德國有妻一子三長二十六歲次二十四歲次九歲

存款数目利息 洋一千二百七十七元二角三分

聲明以上所陳在中國其他銀行並無存款之處

陳請人貧富之情形 在北京德華銀行活存款馬克四千一百九元七分七

陳請人平日生活之程度 每月房租衣食等項若干

别誌

住德國營盤街門牌　號

第叁號

陳請人威密斯謹按在德華銀行存款敵國人民請領月費之定章請由本身存款項下發給月費洋二百元以資開付日用必需之費並聲明別無進項可以度日除以下所指明者外在中國各銀行亦無別項存款所陳是實

陳請人姓名威密斯 Heinrich Wiemers

年歲 四十一歲

職業 鑛夫長現在賦閒

家中人口若干 妻及五女一子均在德國
存款數目利息 洋一千一百元
聲明以上所陳在中國其他銀行並無存款之處
陳請人貧富之情形 別無積蓄
陳請人平日生活之程度 每月房租衣食等項一百二十元
別誌
住 北京 街門牌 號

第肆號

陳請人 格拉斯 謹按在德華銀行存款敵國人民請領月費之定章請由本身存款項下發給洋二百元以資開付日用必需之費並聲明別無進項可以度日除以下所指明者外在中國各銀行亦無別項存款所陳是實

陳請人姓名 格拉斯 *Theodor Kross*

年歲 四十三歲

職業 商人現在賦閒

家中人口若干　無

存款數目利息　洋二百元

聲明以上所陳在中國其他銀行並無存款之處

陳請人貧富之情形　別無積蓄

陳請人平日生活之程度　每月房租衣食等項若干

別誌

任　天津井陘礦務局　銜門牌　號

第　伍　號

陳請人 呂越爾 謹按在德華銀行存款敵國人民請領
月費之定章請由本身存款項下發給月費洋三百元 以資
開付日用必需之費並聲明別無進項可以度日除以下所
指明者外在中國各銀行亦無別項存款所陳是實
陳請人姓名 呂越爾 Eugen Lues
年歲 四十五歲
職業 商人現在賦閒

家中人口若干 妻一人

存款数目利息 銀一百二十兩存北京德華銀行 洋三千元

聲明以上所陳在中國其他銀行並無存款之處

陳請人貧富之情形 現無資財

陳請人平日生活之程度 每月房租衣食等項必需若干

別誌 在天津德華銀行除存洋外尚有存銀四利息未算清故未悉詳細數目

住德界馬場道街門牌 四 號

第陸號

陳請人 廼策特 謹按在德華銀行存款敵國人民請領月費之定章請由本身存款項下發給月費洋三百元 以資開付日用必需之費並聲明別無進項可以度日除以下所指明者外在中國各銀行亦無別項存款所陳是實

陳請人姓名 廼策特 Wilhelm Neitzert

年歲 五十二歲

職業 礦夫長現在賦閒

家中人口若干 妻一男四女二長二十三歲次十三歲

存款数目利息 洋七百六十四元

聲明以上所陳在中國其他銀行並無存款之處

陳請人貧富之情形 並無別項存款

陳請人平日生活之程度 每月房租衣食等項必需若干

別誌

住 北京 街門牌 號

第 柒 號

陳請人 黎德氏 謹按在德華銀行存款敵國人民請領
月費之定章請由本身存款項下發給月費洋三百元 以資
開付日用必需之費並聲明別無進項可以度日除以下所
指明者外在中國各銀行亦無別項存款所陳是實
陳請人姓名 黎德氏 Frau Hermine Riedle
年歲 四十歲
職業

家中人口若干 男二長十三歲次十二歲
存款數目利息 洋一萬二千元
聲明以上所陳在中國其他銀行並無存款之處
陳請人貧富之情形 並無別項存款
陳請人平日生活之程度 每月房租衣食必需之費若干
別誌
住天津德界三號街門牌十三號

第　捌　號

陳請人德恩　謹按在德華銀行存款敵國人民請領

月費之定章請由本身存款項下發給月費洋五十元以資

開付日用必需之費並聲明別無進項可以度日除以下所

指明者外在中國各銀行亦無別項存款所陳是實

陳請人姓名　德恩　Wilhelm Dom

年歲　二十二歲

職業　商人賦閒

家中人口若干

存款数目利息 洋五十元

聲明以上所陳在中國其他銀行並無存款之處

陳請人貧富之情形 並無別項存款

陳請人平日生活之程度 每月房租衣食必需若干

別誌

任海大道 街門牌一百一十二號

第玖號

陳請人提利曼謹按在德華銀行存款敵國人民請領月費之定章請由本身存款項下發給洋二百四十元以資開付日用必需之費並聲明別無進項可以度日除以下所指明者外在中國各銀行亦無別項存款所陳是實

陳請人姓名 提利曼 Heinrich Tielemann

年歲 二十五歲

職業 工程師賦閒

家中人口若干　無

存款数目利息　洋二百四十元

聲明以上所陳在中國其他銀行並無存款之處

陳請人貧富之情形　並無積蓄

陳請人平日生活之程度　每月房租衣食必需若干

別誌

任海大道街門牌一百一十二號

第　拾　號

陳請人恩婁得納音謹按在德華銀行存款敵國人民請領月費之定章請由本身存款項下發給一百一十八元以資開付日用必需之費並聲明別無進項可以度日除以下所指明者外在中國各銀行亦無別項存款所陳是實

陳請人姓名 恩婁得納音 Filore Oltnarin

年歲 四十三歲

職業 前津浦路工程師賦閒

家中人口若干 妻一男一十四歲

存款数目利息 洋一百一十八元

聲明以上所陳在中國其他銀行並無存款之處

陳請人貧富之情形 並無積蓄

陳請人平日生活之程度 每月房租衣食必需若干

任濟南府 街門牌 號

別誌

第拾壹號

陳請人鴻格　謹按在德華銀行存款敵國人民請領月費之定章請由本身存款項下發給洋一百十五元三毛　以資開付日用必需之費並聲明別無進項可以度日除以下所指明者外在中國各銀行亦無別項存款所陳是實

陳請人姓名土耳其人民代表鴻格

E. Hunke
Türkischer Hülfsverein

年歲四十歲

職業工程師

家中人口若干 妻一人

存款数目利息 洋一百四十五元三毛

聲明以上所陳在中國其他銀行並無存款之處

陳請人貧富之情形 並無積蓄

陳請人平日生活之程度

别誌

住 德界三號 街門牌 六 號

第拾貳號

陳請人格爾吉氏謹按在德華銀行存款敵國人民請領月費之定章請由本身存款項下發給洋九十五元以資開付日用必需之費並聲明別無進項可以度日除以下所指明者外在中國各銀行亦無別項存款所陳是實

陳請人姓名 格爾吉 Martha Georgi

年歲 三十五歲

職業

家中人口若干 男人被俘在日本

存款數目利息 洋九十五元

聲明以上所陳在中國其他銀行並無存款之處

陳請人貧富之情形 並無積蓄

陳請人平日生活之程度 每月房租衣食必需若干

別誌 此款係氏夫之先存在德華銀行被氏需用夫兄福州海關作事

任 海大道 街 門牌 七百四十六 號

第拾叁號

陳請人彌樂　謹按在德華銀行存款敵國人民請領月費之定章請由本身存款項下發給月費洋二百元　以資開付日用必需之費並聲明別無進項可以度日除以下所指明者外在中國各銀行亦無別項存款所陳是實

陳請人姓名　彌樂　Robert Miller

年歲　四十二歲

職業　前津浦鐵路工程師賦閒

家中人口若干

存款数目利息 銀一千零三十五兩六錢七分

聲明以上所陳在中國其他銀行並無存款之處

陳請人貧富之情形 時下並無資財

陳請人平日生活之程度 前進款每月六百元用錢百元

別誌

住北戴河西街門牌　　號

第 拾肆 號

陳請人倪克拉伊氏 謹按在德華銀行存款敵國人民請領月費之定章請由本身存款項下發給月費洋三百元以資開付日用必需之費並聲明別無進項可以度日除以下所指明者外在中國各銀行亦無別項存款所陳是實

陳請人姓名 倪克拉伊氏 Frau Emma Nicolai

年歲 三十五歲

職業

家中人口若干氏夫被日本俘虜　女二　七歲　五歲

存款數目利息　銀九十一兩五錢八　洋一千一百八十四元四毛七

聲明以上所陳在中國其他銀行並無存款之處

陳請人貧富之情形　在德華銀行存馬克一千七百七十一馬克五毛　另有德戰事國債票一萬馬克

陳請人平日生活之程度　每月用費六百至八百元

住德界七號街門牌二號

別誌

第拾伍號

陳請人白漢珊 謹按在德華銀行存款敵國人民請領月費之定章請由本身存款項下發給月費洋六十元以資開付日用必需之費並聲明別無進項可以度日除以下所指明者外在中國各銀行亦無別項存款所陳是實

陳請人姓名白漢珊 Felix Behamberger

年歲 三十二歲

職業 礦工

家中人口若干　無
存款数目利息　洋六百二十七元
聲明以上所陳在中國其他銀行並無存款之處
陳請人貧富之情形　並無資財
陳請人平日生活之程度　並力節省每月需一百餘元
別誌
住 新興祖界大維街門牌　號 球房

第拾陸號

陳請人愛西訥 謹按在德華銀行存款敵國人民請領月費之定章請由本身存款項下發給月費洋二百元 以資開付日用必需之費並聲明別無進項可以度日除以下所指明者外在中國各銀行亦無別項存款所陳是實

陳請人姓名 愛西訥 Carl Eichner

年歲 三十八歲

職業 商人在禪臣洋行司事

家中人口若干　無

存款數目利息　銀六百五十九兩五錢

聲明以上所陳在中國其他銀行並無存款之處

陳請人貧富之情形　並無別項資財

陳請人平日生活之程度　每月房租衣食必需之款

別誌　雖有進項不敷日用須領月費補助

住　英界　街門牌　號

第拾柒號

陳請人葛爾曼 謹按在德華銀行存款敵國人民請領月費之定章請由本身存款項下發給月費洋二百元以資開付日用必需之費並聲明別無進項可以度日除以下所指明者外在中國各銀行亦無別項存款所陳是實

陳請人姓名 葛爾曼 Richard Dehrmann

年歲 三十五歲

職業 利發鐵廠東家

家中人口若干　妻一人
存款數目利息　銀五百零八兩
聲明以上所陳在中國其他銀行並無存款之處
陳請人貧富之情形　並無他項資財
陳請人平日生活之程度　每月房租衣食等需三百元
別誌
住德界中街門牌十八號

第拾捌號

陳請人葛祿伯 謹按在德華銀行存款敵國人民請領月費之定章請由本身存款項下發給月費洋三百元 以資開付日用必需之費並聲明別無進項可以度日除以下所指明者外在中國各銀行亦無別項存款所陳是實

陳請人姓名 葛祿伯 Johann Gollub

年歲 五十歲

職業 前充津浦鐵路工程師現在賦閒

家中人口若干　妻一人

存款数目利息　銀三百零六兩一錢六分　洋三百三十三元二角二分　其利息多寡尚未知悉

聲明以上所陳在中國其他銀行並無存款之處

陳請人貧富之情形　別無積蓄

陳請人平日生活之程度　每月必需用度若干

別誌　除中國政府債票三百元外別無存款

住濟南府華豐洋行內　街門牌　號

第拾玖號

陳請人魯定　謹按在德華銀行存款敵國人民請領月費之定章請由本身存款項下發給銀十二兩九錢五分　以資開付日用必需之費並聲明別無進項可以度日除以下所指明者外在中國各銀行亦無別項存款所陳是實

陳請人姓名　魯定　Rüdling

年歲　四十六歲

職業　商人

家中人口若干 妻一人

存款數目利息 銀十二兩九錢五分

聲明以上所陳在中國其他銀行並無存款之處

陳請人貧富之情形

陳請人平日生活之程度

別誌

住天津德界四號街門牌十乂號

第貳拾號

陳請人貝哈格夫人謹按在德華銀行存款敵國人民請領月費之定章請由本身存款項下發給洋百八十四元以資開付日用必需之費並聲明別無進項可以度日除以下所指明者外在中國各銀行亦無別項存款所陳是實

陳請人姓名貝哈格夫人 Frau Behaghel

年歲 四十八歲

職業

職業
家中人口若干
存款數目利息洋一百八十四元
聲明以上所陳在中國其他銀行並無存款之處
陳請人貧富之情形
陳請人平日生活之程度
別誌原由氏夫在北京德華銀行存款備氏日用除支用外僅餘此數由北京德華銀行撥交洋行
住德界中街門牌二十二號

第貳拾壹號

陳請人 馬林 謹按在德華銀行存款敵國人民請領

月費之定章請由本身存款項下發給洋一百四十六元 以資

開付日用必需之費並聲明別無進項可以度日除以下所

指明者外在中國各銀行亦無別項存款所陳是實

陳請人姓名 馬林 Ma Lin

年歲 三十九歲

職業 前充津浦鐵路監工現無事

家中人口若干妻一女二長四歲次四箇月
存款數目利息洋一百四十六元
聲明以上所陳在中國其他銀行並無存款之處
陳請人貧富之情形別無積蓄
陳請人平日生活之程度
別誌

住德界四號街門牌十三號

第貳拾貳號

陳請人惹爾科　謹按在德華銀行存款敵國人民請領月費之定章請由本身存款項下發給洋十七元五角九分以資開付日用必需之費並聲明別無進項可以度日除以下所指明者外在中國各銀行亦無別項存款所陳是實

陳請人姓名惹爾科

年歲　三十六歲

職業　前充津浦鐵路工程師現無事

家中人口若干 無

存款数目利息 洋十文元五角九分

聲明以上所陳在中國其他銀行並無存款之處

陳請人貧富之情形 別無積蓄

陳請人平日生活之程度 現由他人補助

別誌

住天津河北宇緯路 街門牌 號

第貳拾叁號

陳請人 然 諾　謹按在德華銀行存款敵國人民請領月費之定章請由本身存款項下發給洋約十元三角八分以資開付日用必需之費並聲明別無進項可以度日除以下所指明者外在中國各銀行亦無別項存款所陳是實

陳請人姓名 然 諾 Jomv

年歲 四十二歲

職業 前充津浦路局司賬現無事

家中人口若干　無

存款數目利息　洋約十二元三角八分

聲明以上所陳在中國其他銀行並無存款之處

陳請人貧富之情形　別無積蓄

陳請人平日生活之程度　現由他人補助

別誌

住天津河北宇緯路　街門牌　號

第貳拾肆號

陳請人晏思貝　謹按在德華銀行存款敵國人民請領

月費之定章請由本身存款項下發給月費洋三百一十元以資

開付日用必需之費並聲明別無進項可以度日除以下所

指明者外在中國各銀行亦無別項存款所陳是實

陳請人姓名晏思貝 Rosenberger

年歲四十七歲

職業工程師

家中人口若干 妻一女一 十六歲
存款數目利息 銀四百五十七兩四錢八分 洋一千七百十三元二角一分
聲明以上所陳在中國其他銀行並無存款之處
陳請人貧富之情形 一年來並無生意
陳請人平日生活之程度 用每日必需之款
別誌
住德界中街門牌八十號

第貳拾伍號

陳請人布勞斯克謹按在德華銀行存款敵國人民請領月費之定章請由本身存款項下發給月費洋一百元 以資開付日用必需之費並聲明別無進項可以度日除以下所指明者外在中國各銀行亦無別項存款所陳是實

陳請人姓名布勞斯克 Brouwke

年歲二十三歲

職業現無事

家中人口若干　無

存款數目利息　洋五百元

聲明以上所陳在中國其他銀行並無存款之處

陳請人貧富之情形　別無積蓄

陳請人平日生活之程度　用每日必需之款

別誌

任德國營盤街門牌　　號

第貳拾陸號

陳請人克來恩　謹按在德華銀行存款敵國人民請領月費之定章請由本身存款項下發給洋二百元　以資開付日用必需之費並聲明別無進項可以度日除以下所指明者外在中國各銀行亦無別項存款所陳是實

陳請人姓名　克來恩 Karl Klein

年歲　四十一歲

職業　前在青島當差現無事

家中人口若干 妻一子一
存款數目利息 洋二百元
聲明以上所陳在中國其他銀行並無存款之處
陳請人貧富之情形 別無積蓄
陳請人平日生活之程度
別誌

住天津德界七號 街門牌二十二號

第貳拾柒號

陳請人起士林 謹按在德華銀行存款敵國人民請領月費之定章請由本身存款項下發給洋三百五十元零一角二分 以資開付日用必需之費並聲明別無進項可以度日除以下所指明者外在中國各銀行亦無別項存款所陳是實

陳請人姓名 起士林 Albert Kiessling

年歲 三十八歲

職業 洋點心鋪

家中人口若干妻一女一年四歲

存款数目利息洋三百五十元零一角二分

聲明以上所陳在中國其他銀行並無存款之處

陳請人貧富之情形

陳請人平日生活之程度

別誌

住天津德界中街門牌十號

第貳拾捌號

陳請人巴德　謹按在德華銀行存款敵國人民請領月費之定章請由本身存款項下發給洋一百零四元四角　以資開付日用必需之費並聲明別無進項可以度日除以下所指明者外在中國各銀行亦無別項存款所陳是實

陳請人姓名巴德 Friedrich Bader

年歲三十三歲

職業洋點心鋪

家中人口若干 妻一
存款数目利息 洋一百零四元四角
聲明以上所陳在中國其他銀行並無存款之處
陳請人貧富之情形
陳請人平日生活之程度
別誌
住天津德界中街門牌十號

第貳拾玖號

陳請人蔥給爾 謹按在德華銀行存款敵國人民請領月費之定章請由本身存款項下發給月費洋二百元 以資開付日用必需之費並聲明別無進項可以度日除以下所指明者外在中國各銀行亦無別項存款所陳是實

陳請人姓名蔥給爾 Josef Jufaier

年歲 三十六歲

職業 工程師現無事

家中人口若干 無
存款数目利息 洋三百一十八元三角四分
聲明以上所陳在中國其他銀行並無存款之處
陳請人貧富之情形
陳請人平日生活之程度
別誌
住天津德界七號街門牌 十 號

第叁拾號

陳請人傅爾克 謹按在德華銀行存款敵國人民請領月費之定章請由本身存款項下發給銀十五兩一錢一分
洋三百三十三元四角八分以資開付日用必需之費並聲明別無進項可以度日除以下所指明者外在中國各銀行亦無別項存款所陳是實

陳請人姓名 傅爾克 Gustav Berg

年歲 三十五歲

職業 德華中學校校長

家中人口若干 妻一女一

存款數目利息 銀十五兩一錢一分 洋三百三十三元四角八分

聲明以上所陳在中國其他銀行並無存款之處

陳請人貧富之情形

陳請人平日生活之程度

別誌

住天津德界十五號街門牌 四 號

第叁拾壹號

陳請人克魯德　謹按在德華銀行存款敵國人民請領月費之定章請由本身存款項下發給洋七十五元六角六分以資開付日用必需之費並聲明別無進項可以度日除以下所指明者外在中國各銀行亦無別項存款所陳是實

陳請人姓名克魯德　Emil Knuth

年歲　三十五歲

職業　商行司賬現無事

家中人口若干 無

存款数目利息 洋七十五元六角六分

聲明以上所陳在中國其他銀行並無存款之處

陳請人貧富之情形

陳請人平日生活之程度

別誌

住濟南府 街門牌 號

第叁拾貳號

陳請人德婦佛爾梅　謹按在德華銀行存款敵國人民請領月費之定章請由本身存款項下發給洋一百四十元　以資開付日用必需之費並聲明別無進項可以度日除以下所指明者外在中國各銀行亦無別項存款所陳是實

陳請人姓名佛爾梅　Elisabeth Pöllmer

年歲四十三歲

職業德國醫院看護婦

家中人口若干　無

存款数目利息　洋一百四十元

聲明以上所陳在中國其他銀行並無存款之處

陳請人貧富之情形

陳請人平日生活之程度

別誌

住天津德界中街門牌　四　號

第叁拾叁號

陳請人錫慕森　謹按在德華銀行存款敵國人民請領月費之定章請由本身存款項下發給洋一百零九元一角九分　以資開付日用必需之費並聲明别無進項可以度日除以下所指明者外在中國各銀行亦無别項存款所陳是實

陳請人姓名錫慕森　Alfred Siemssen

年歲六十歲

職業商人

家中人口若干 妻一子女各一
存款数目利息 洋二百零九元二角九分
聲明以上所陳在中國其他銀行並無存款之處
陳請人貧富之情形
陳請人平日生活之程度
別誌

住天津德界二號街門牌四號

第叁拾肆號

陳請人葉根芾謹按在德華銀行存款敵國人民請領月費之定章請由本身存款項下發給月費洋二百元　以資開付日用必需之費並聲明別無進項可以度日除以下所指明者外在中國各銀行亦無別項存款所陳是實

陳請人姓名　葉根芾　Erwin Jaegenfeldt

年歲　二十八歲

職業　商人

家中人口若干　無

存款數目利息　洋三百元

聲明以上所陳在中國其他銀行並無存款之處

陳請人貧富之情形

陳請人平日生活之程度

別誌

任京漢鐵路枕頭村街門牌　　號

第叁拾伍號

陳請人石特爾慈 謹按在德華銀行存款敵國人民請領月費之定章請由本身存款項下發給月費洋二百元 以資開付日用必需之費並聲明別無進項可以度日除以下所指明者外在中國各銀行亦無別項存款所陳是實

陳請人姓名 石特爾慈 August Stolz

年歲 三十八歲

職業 礦夫長

家中人口若干 妻一女一六歲
存款数目利息 存款若干尚未接該銀行清單是以未知確數
聲明以上所陳在中國其他銀行並無存款之處
陳請人貧富之情形
陳請人平日生活之程度
別誌 雖有事因妻女常患病是以用費較多再此項用費請送天津井陘礦務局轉交
任 枕頭村井陘礦務公司 街門牌 號

第叁拾陸號

陳請人克利科謹按在德華銀行存款敵國人民請領月費之定章請由本身存款項下發給月費洋二百元以資開付日用必需之費並聲明別無進項可以度日除以下所指明者外在中國各銀行亦無別項存款所陳是實

陳請人姓名克利科 Fritz Klicker

年歲三十四歲

職業礦務監督

家中人口若干 無

存款数目利息 洋二千四百二十二元三角四分

聲明以上所陳在中國其他銀行並無存款之處

陳請人貧富之情形

陳請人平日生活之程度

別誌 雖有事因有意外花費故須動用存款再此項月費請送
天津井陘礦務局轉交

任 枕頭村井陘礦務公司 街門牌 號

第叁拾柒號

陳請人斐爾格 謹按在德華銀行存款敵國人民請領月費之定章請由本身存款項下發給月費洋二百元 以資開付日用必需之費並聲明別無進項可以度日除以下所指明者外在中國各銀行亦無別項存款所陳是實

陳請人姓名斐爾格 August Vieregge

年歲 二十五歲

職業 礦地測量師

家中人口若干　無
存款數目利息　洋二百九十七元
聲明以上所陳在中國其他銀行並無存款之處
陳請人貧富之情形
陳請人平日生活之程度
別誌　雖有事因尚有欠賬不得不還故動用存款再此項請送天津井陘礦務局轉交
任　枕頭村井陘礦務公司　街門牌　號

第叁拾捌號

陳請人克來慕 謹按在德華銀行存款敵國人民請領月費之定章請由本身存款項下發給月費洋三百元 以資開付日用必需之費並聲明别無進項可以度日除以下所指明者外在中國各銀行亦無别項存款所陳是實

陳請人姓名 克來慕 Johann Kramer

年歲 二十七歲

職業 礦夫長

家中人口若干 妻一子二女一

存款数目利息 洋八百五十八元零五分

聲明以上所陳在中國其他銀行並無存款之處

陳請人貧富之情形

陳請人平日生活之程度

別誌 因現在物價昂貴用度較費且家口人多雖有事亦須動用存款以補助之請將月費送天津井陘礦務局轉交

住 枕頭村井陘礦務公司 街門牌 號

第叁拾玖號

陳請人 備克　謹按在德華銀行存款敵國人民請領

月費之定章請由本身存款項下發給月費洋二百　以資

開付日用必需之費並聲明别無進項可以度日除以下所

指明者外在中國各銀行亦無别項存款所陳是實

陳請人姓名 備克 Wilhelm Böge

年歲 三十八歲

職業 礦機長

家中人口若干　無

存款数目利息　洋一千一百六十九元六角五分

聲明以上所陳在中國其他銀行並無存款之處

陳請人貧富之情形

陳請人平日生活之程度

別誌　雖有事因有意外花費故須動用存款再此項月費請送天津井陘礦務局轉交

住　枕頭村井陘礦務公司　街門牌　號

第肆拾號

陳請人石廼德　謹按在德華銀行存款敵國人民請領月費之定章請由本身存款項下發給月費洋二百元以資開付日用必需之費並聲明別無進項可以度日除以下所指明者外在中國各銀行亦無別項存款所陳是實

陳請人姓名　石廼德　Heinrich Schneider

年歲　三十四歲

職業　礦夫長

家中人口若干　妻一

存款数目利息　洋五百三十四元

聲明以上所陳在中國其他銀行並無存款之處

陳請人貧富之情形

陳請人平日生活之程度

別誌　現因三四兩月有特別用度故動用存款再此項請送天津井陘礦務局轉交

住　枕頭村井陘礦務公司　街門牌　號

第肆拾壹號

陳請人飛司爾 謹按在德華銀行存款敵國人民請領月費之定章請由本身存款項下發給月費洋二百元 以資開付日用必需之費並聲明別無進項可以度日除以下所指明者外在中國各銀行亦無別項存款所陳是實

陳請人姓名 飛司爾 Bernhard Visser

年歲 三十四歲

職業 礦夫長

家中人口若干 無

存款数目利息 洋五百二十一元零四分

聲明以上所陳在中國其他銀行並無存款之處

陳請人貧富之情形

陳請人平日生活之程度

别誌 雖有事因尚有欠賬不得不還故動用存款再此項請送天津井陘礦務局轉交

住枕頭村井陘礦務公司 街門牌 號

第肆拾貳號

陳請人何内克　謹按在德華銀行存款敵國人民請領
月費之定章請由本身存款項下發給洋貳百零一元六角五分　以資
開付日用必需之費並聲明別無進項可以度日除以下所
指明者外在中國各銀行亦無別項存款所陳是實
陳請人姓名何内克 Franz Hoecker
年歲三十三歲
職業高等礦夫長

家中人口若干 妻一子一三歲

存款数目利息 洋四百零一元六角五分

聲明以上所陳在中國其他銀行並無存款之處

陳請人貧富之情形 並無他項積蓄

陳請人平日生活之程度

別誌 雖有事因恐有意外用度故動用存款再此項請送天津
井陘礦務局轉交

住 枕頭村井陘 礦務局 衙門牌 號

第肆拾叁號

陳請人林克夫人 謹按在德華銀行存款敵國人民請領月費之定章請由本身存款項下發給月費洋三百元 以資開付日用必需之費並聲明别無進項可以度日除以下所指明者外在中國各銀行亦無别項存款所陳是實

陳請人姓名林克夫人 Frau Margarete Linke

年歲 三十五歲

職業

家中人口若干 子七歲 女八歲 氏夫為東洋俘虜

存款数目利息 銀七百三十七兩二錢三分

聲明以上所陳在中國其他銀行並無存款之處

陳請人貧富之情形

陳請人平日生活之程度

別誌 現因經濟困難請連上月共兩月之月貴

住 天津德界十三號 十六號拐角 街 街門牌 號

第肆拾肆號

陳請人魁尼布謹按在德華銀行存款敵國人民請領

月費之定章請由本身存款項下發給月費洋三百元以資

開付日用必需之費並聲明别無進項可以度日除以下所

指明者外在中國各銀行亦無别項存款所陳是實

陳請人姓名魁尼布 Fritz König

年歲四十三歲

職業礦工師

家中人口若干　妻一
存款數目利息　洋一千五百八十五元
聲明以上所陳在中國其他銀行並無存款之處
陳請人貧富之情形
陳請人平日生活之程度
別誌　因無積蓄必須動用存款請將此項月費按月送交天津井陘礦務局轉交
任　枕頭村井陘礦務公司　街門牌　號

第肆拾伍號

陳請人史泮丁　謹按在德華銀行存款敵國人民請領月費之定章請由本身存款項下發給月費洋二百元　以資開付日用必需之費並聲明別無進項可以度日除以下所指明者外在中國各銀行亦無別項存款所陳是實

陳請人姓名史泮丁氏　Marie Spalding

年歲五十六歲

職業女教讀

家中人口若干 無

存款數目利息 銀一百八十三兩二錢一分 洋二百五十六元

聲明以上所陳在中國其他銀行並無存款之處

陳請人貧富之情形

陳請人平日生活之程度

別誌

住天津德界十五號街門牌十五號

收和歐使函　民國八年七月五日　宿字第二百三十七號

逕啟者前駐滬德國總領事 Knipping 原有股票債票若干內係海河工程總局債票井陘鑛務局債票及天津德興公司 Tientsin Baugesellschaft 股票總共合銀數千兩其債票股票向存在天津德華銀行所有敵國從前駐滬之官員私產均歸和國駐滬總領事保管是以關於該德國總領事之股票債票經由該和國總領事函致天津德華銀行清理員請其交出竟被拒絕查各國通例外交官及領事官之私產係神聖不可侵犯之物應請貴次長萬勿將該前駐滬德國總領事之私產置諸通例以外並請飭令天

津德華銀行清理員即將此項私產送至滬和國總領事查收掣回收據為荷

發財政部咨 民國八年七月十日 平字第二千一百零一號
為咨行事准和歐使函稱前駐滬德國總領事讀 Knip-
ping 原有股票債票若干內係海河工程總局備票
并陘鑛務局債票及天津德興公司 Tientsin Bauges-
ellschaft 股票總共合銀數千兩其債票股票向存
天津德華銀行所有敵國從前駐滬之官員私產均
歸和國駐滬總領事保管是以關於該德國總領事
之股票債票經由和國總領事函致天津德華銀行
清理員請其交出竟被拒絕查各國通例外交官及
領事官之私產係神聖不可侵犯之物應請勿將該
前駐滬德總領事之私產置諸通例以外並請飭天

津德華銀行清理員即將此項私產送至駐滬和總
領事查收掣回收據等因查和使所稱前駐滬德總
領事寄存天津德華銀行之各項債票股票如係該
領個人之私產自可交由和領保管惟並據聲稱曾
由和領致函天津清理處請求未獲允行究係如何
情形相應咨行貴部查照轉飭查明辦理並見復

收財政部咨 民國八年七月三十一日 宿字第一千二百四十號

財政部為咨復事前准

貴部咨開和使所稱前駐滬德總領事寄存天津德華銀行之各項債票股票如係個人私産自可交由和領保管各節咨行查復等因當即飭查天津德華銀行清理分處去後茲據呈稱查前德國總領事寄存德行之股票債票以該領事係屬德人故照通常處置敵人財産辦法拒不發還并非有特種情事若據和領函稱各國通例凡外交官私有財産不能與平常敵人一體待遇似不宜過事留難究竟能否准予所請發還之處仍祈酌復俾便遵辦等語前來查

此項股票債票既係德國總領事箇人之私產又無特種情事自應交由和領保管除令飭天津德華銀行清理處將此項票據寄由滬清理分處點交和國駐滬總領事保管並索取收據備案外相應咨復貴部查照轉復和使可也此咨

發和歐使函　民國八年八月二十七日平字第二六三一號

逕啟者准七月三日來函以前駐滬德國總領事Knipping寄存天津德華銀行之各項股票債票係屬個人私產請飭天津德華銀行清理處送交駐滬和國總領事收存等因當經轉行財政部查明辦理去後茲准復稱查明前駐滬德國總領事寄存天津德華銀行之股票債票天津德華銀行清理處以該領事係屬德人故照通常處置敵人財產辦法未予發還惟此項存件既係德國總領事個人之私產亦並無特種情事自應交由和國領事保管已令飭天津德華銀行清理處將前項股票債票寄由上海

清理處點交和國駐滬總領事保管並索取收據備案等因相應函復貴公使查照此汭順頌

收直隸特派員呈　民國八年九月九日　宿字第二千八百十號

呈為前德華銀行存款敵國人請領月費辦法遵章彙案具報事案奉鈞部令發存款敵國人請領月費辦法附有第四款解釋聲明交涉員及清理處查明敵國人第二款所列情形會同商定准駁彼此意見相同其應駁者即予駁斥其應准者可按照第五款比較第三款所定限制會商按月給予數目隨後彙案具報等因查此事迭准駐津和委員送到德人前在德華銀行存款者陳請單自一號至四十五號共四十五紙均經並轉清理處核明相符業經呈報在案茲復准和委陸續並送自四十六號至五十五號

各陳請單共十紙（除五十三號）陳請人克律閣准清理處函稱該商存款係以洋行名義核與請領月費辦法第八條不符業奉北京總處核駁外餘均函准清理處函復核與敵人請領月費辦法相符准照辦理理合照印前項陳請單十紙彙案呈報鈞部鑒核實為公便

計呈送陳請單十紙

第肆拾陸　號

陳請人施望拾　謹按在德華銀行存款敵國人民請領月費之定章請由本身存款項下發給月費洋二百五十元　以資開付日用必需之費並聲明別無進項可以度日除以下所指明者外在中國各銀行亦無別項存款所陳是實

陳請人姓名　施望格　Schwonger, Gustav Adolph.

年歲　六十二歲

職業　前在海関作事現賦閒

家中人口若干岳母妻女各一

存款數目利息銀一千三百七十四兩三錢一分

聲明以上所陳在中國其他銀行並無存款之處

陳請人貧富之情形

陳請人平日生活之程度

別誌雖極力撙節每月亦需用此數以食指甚多故也

住天津德界中街門牌十六號

第肆拾柒號

陳請人袞特爾 謹按在德華銀行存款敵國人民請領月費之定章請由本身存款項下發給銀三百一十八兩三錢二分以資開付日用必需之費並聲明別無進項可以度日除以下所指明者外在中國各銀行亦無別項存款所陳是實

陳請人姓名袞特爾 Dr. H. Gunther, Hans

年歲四十六歲

職業工程師

家中人口若干 妻一子女各二

存款数目利息銀三百一十八兩三錢二分

聲明以上所陳在中國其他銀行並無存款之處

陳請人貧富之情形 現賦閒無積蓄

陳請人平日生活之程度

別誌前在啟新洋灰公司作事二十有餘年薪水敷用現在無事而用度仍繁故請將此款一次付給因無進款需用孔殷故也

住天津德界十六號路街門牌 二十 號

第肆拾捌號

陳請人袁特爾　謹按在德華銀行存款敵國人民請領月費之定章請由本身存款項下發給銀二百七十四兩錢六分以資開付日用必需之費並聲明別無進項可以度日除以下所指明者外在中國各銀行亦無別項存款所陳是實

陳請人姓名袁特爾　Dr. F. Günther Hans

年歲四十六歲

職業工程師

家中人口若干 妻一子女各二

存款数目利息銀二百七十四兩八錢六分

聲明以上所陳在中國其他銀行並無存款之處

陳請人貧富之情形 現賦閒無積蓄

陳請人平日生活之程度

別誌此款存在上海德華銀行請將此款撥滙天津付給以應急需

住天津德界十六號路街門牌二十號

第肆拾玖號

陳請人馮爾庫斯氏謹按在德華銀行存款敵國人民請領
月費之定章請由本身存款項下發給月費一百五十兩 以資
開付日用必需之費並聲明別無進項可以度日除以下所
指明者外在中國各銀行亦無別項存款所陳是實
陳請人姓名馮爾庫斯氏 Marcus Ellen
年歲四十二歲
職業孀居無事

家中人口若干 子八歲

存款数目利息 銀一千一百六十兩三錢八分四厘

聲明以上所陳在中國其他銀行並無存款之處

陳請人貧富之情形 別無進項

陳請人平日生活之程度 每月需用洋二百元

別誌

住天津德界營盤街門牌十七號

第伍拾號

陳請人林克氏　謹按在德華銀行存款敵國人民請領月費之定章請由本身存款項下發給月費洋三百元　以資開付日用必需之費並聲明别無進項可以度日除以下所指明者外在中國各銀行亦無别項存款所陳是實

陳請人姓名　林克氏　Frau Margarete Linke

年歲　三十六歲

職業　無事

家中人口若干 女八歲子五歲

存款数目利息銀三千六百六十一兩一錢五分

聲明以上所陳在中國其他銀行並無存款之處

陳請人貧富之情形 別無積蓄

陳請人平日生活之程度

別誌 極力撙節每月必需三百元方可敷用

住天津德界十三號街門牌十九號

第伍拾壹號

陳請人薩　樂　謹按在德華銀行存款敵國人民請領月費之定章請由本身存款項下發給月費洋二百元　以資開付日用必需之費並聲明別無進項可以度日除以下所指明者外在中國各銀行亦無別項存款所陳是實

陳請人姓名薩　樂　Franz Schaller

年歲　五十八歲

職業　商人

家中人口若干

存款數目利息 洋五百五十四元四角五分

聲明以上所陳在中國其他銀行並無存款之處

陳請人貧富之情形 極貧

陳請人平日生活之程度

別誌 請將此款按月交天津禮和洋行西夥福利士轉交

住奉天省城宗人府胡同 街門牌一百二十五號

第伍拾貳號

陳請人克律閣　謹按在德華銀行存款敵國人民請領月費之定章請由本身存款項下發給洋四百元　以資開付日用必需之費並聲明別無進項可以度日除以下所指明者外在中國各銀行亦無別項存款所陳是實

陳請人姓名克律閣　Julius Krüger

年歲六十九歲

職業現因商業停滯賦閒

家中人口若干　妻一子二

存款數目利息洋六百三十五元八角二分

聲明以上所陳在中國其他銀行並無存款之處

陳請人貧富之情形因戰事頗受損失

陳請人平日生活之程度平常而已又因多病需費較多

住北京　街門牌　號

別誌

第伍拾叁號

陳請人馬爾特　謹按在德華銀行存款敵國人民請領月費之定章請由本身存款項下發給洋三百元　以資開付日用必需之費並聲明別無進項可以度日除以下所指明者外在中國各銀行亦無別項存款所陳是實

陳請人姓名馬爾特 Walter J. Georg

年歲五十一歲

職業商人

家中人口若干 妻一

存款数目利息 約洋一千九百元

聲明以上所陳在中國其他銀行並無存款之處

陳請人貧富之情形 别無進項

陳請人平日生活之程度

別誌 前由青島逃出兩年以來胥賴親友佽助現因親友均在困難不得不動支此款

住北京范市平胡同街門牌十一號

第伍拾肆號

陳請人薩彌樂謹按在德華銀行存款敵國人民請領

月費之定章請由本身存款項下發給洋二百二十五元以資

開付日用必需之費並聲明別無進項可以度日除以下所

指明者外在中國各銀行亦無別項存款所陳是實

陳請人姓名薩彌樂 Hans Schmüller

年歲二十九歲

職業電機師

家中人口若干　無

存款数目利息　洋二百二十五元

聲明以上所陳在中國其他銀行並無存款之處

陳請人貧富之情形　别無積蓄

陳請人平日生活之程度

别誌

任天津德國營盤街門牌　　號

第伍拾伍號

陳請人 柯慈曼 謹按在德華銀行存款敵國人民請領

月費之定章請由本身存款項下發給月費 銀 洋二百五十元 兩 以資

開付日用必需之費並聲明別無進項可以度日除以下所

指明者外在中國各銀行亦無別項存款所陳是實

陳請人姓名 柯慈曼 *Frau Auguste Kretzschmar*

年歲 四十三歲

職業 無事

家中人口若干 子一 年十一歲

存款数目利息 洋五百元

聲明以上所陳在中國其他銀行並無存款之處

陳請人貧富之情形 極貧

陳請人平日生活之程度 因病須用款較多

別誌 因病請醫服藥在各處借貸甚多如能將存款作一次發領則尤為感激矣

住天津特別區德國營盤內 街門牌 號

親筆簽字

美人索款案

別事	由	收發日期	原編號數	附件	記
收直隸特派員函一件	美人索還存在德華銀行債票事由	六年十二月廿四日	月字五九三五號	附件	
發德華銀行總清理處公函一件	美人寄存津行債票請予交還事希核辦見復由	六年十二月廿六日	力字二六六六號		
收德華銀行總清理處函一件	美人蘭瑙夫夫人等寄存德華津行債票已令該處驗明發還由	七年一月五日	盈字一二五號		
發特派直隸交涉員指令一件	美人蘭瑙夫夫人等債票應准發還由	七年一月十四日	協字一〇五號		
收美芮使函一件	德華銀行欠美國人款項事由	八年九月十日	宿字二八四五號		
發財政部咨一件	美國人柯克習請轉知德華銀行歸還欠款希核復由	八年九月十一日	平字二八六〇號		
收財政部咨一件	德華銀行欠美人柯克習款項已付清由	八年十月三日	宿字三八五七號		
發美丁署使函一件	柯克習請提德華存款已照付由	八年十月十三日	平字三一七八號		
一件	由	年月日	字號		
一件	由	年月日	字號		

一件　由　年　月　日　字　號
一件　由　年　月　日　字　號
一件　由　年　月　日　字　號
一件　由　年　月　日　字　號
一件　由　年　月　日　字　號
一件　由　年　月　日　字　號
一件　由　年　月　日　字　號
一件　由　年　月　日　字　號
一件　由　年　月　日　字　號
一件　由　年　月　日　字　號
一件　由　年　月　日　字　號

收直隸特派員函　民國六年十二月二十四日　月字第五千九百二十五號

總次長鈞鑒頃接天津德華銀行清理處洋員盧克司函稱茲附本處致北京德華銀行總清理處函一件照錄寄呈台覽務請費神轉呈外交部核准俾本處得以將各項債票交還原主為荷等因前來理合照印洋文函稿並將照譯華文繕具清摺一併稟送鈞部鑒核並乞指令祇遵實為公便

計稟送洋文函稿一件附原檔　又清摺一扣

照譯天津德華清理處致北京總清理處函。敬啟者頃准美國麻士周舌(音譯)安度華(音譯)埠居民蘭璁夫(音譯)夫人之代表林文德暨盧克律師來函請求將該蘭璁夫夫人存在德華銀行之各項債票交還計海河工程借隸款債票七張每張值一百兩又法國地方自治債票五十七張每張一百兩查該蘭璁夫夫又係屬美國籍本行無扣留之權又准唐(音譯)先生持有德林(音譯)先生之授權書請求交還下列之債票天津建造公司債票六十三張每張值一百兩并陘鑛局債票八張每張值一百兩又一千兩債票 Deutsche Niederlassungs 上項債票均係存儲之品本行無扣

留之權此事已由特派交涉員呈明外交部任案即

希照准亦知以便將上項各種債票交回原主爲荷

發德華銀行總清理處公函

民國六年十二月二十八日　力字第二千六百六十六號

逕啟者據直隸特派員呈據天津清理處洋員盧克司函稱茲附上本處致北京總清理處函一件請轉呈外部核准俾得將各項債票交還原主等因鈔錄洋文原函並照譯華文送請鑒核令遵等因查美人蘭瑞夫夫人暨德林存在德華津行之各種債票如確係寄存之件自與關係債務者有別現既據該票主之代表請求交還似應責令出具合法收據即可准予照辦惟究係如何情形並應如何辦理之處相應抄錄原送譯件函達貴處查照核辦并見復可也此致

附件

收德華銀行總清理處函　民國七年一月五日　盈字第一百二十五號

逕啓者接准函開據直隸特派員呈據天津清理處洋員盧克司函稱茲附上本處致北京總清理處函一件請轉呈外部核准俾得將各項債票交還原主等因鈔錄洋文原函並照譯華文送請鑒核令遵等因查美人蘭瑞夫夫人暨德林存在德華津行之各種債票如確係寄存之件自與關係債務者有別現既據各該票主之代表請求交還似應責令出具合法收據即可准予照辦惟究係如何情形並應如何辦理之處相應抄錄原送譯件函達貴處查照核辦並見復等因准此查此項寄存債票業經天津清

理處函請核示辦理已由本總處復令按照清理辦
法會同特派員驗明發還矣相應函復貴部查照

發特派直隸交涉員指令 民國七年一月十四日 協字第一百零五號

據呈暨抄件均悉所有美人蘭瑙夫夫人暨德林存在德華津行之各種債票應准如數發還合即令仰該特派員遵照會同清理處驗明辦理

收美芮使函

民國八年九月十日　當字第二千八百四十五號

逕啟者德華銀行曾欠本國人柯克習款項此人現將護照呈送到署以作實係美國國籍之証懇求轉將此節知會德華銀行總清理處以便還欠相應函請貴代總長查照轉行德華銀行總清理處知照

發財政部咨 民國八年九月十二日 平字第二千八百六十號

為咨行事准美芮使函稱德華銀行曾欠本國人柯克習款項此人現將護照呈送到署以作實係美國國籍之證懇求轉將此節知會德華銀行總清理處以便還欠請轉行知照等因相應咨行貴部查照核辦見復可也

收財政部咨

民國八年十月三日　宿字第三千八百五十七號

為咨復事前准貴部咨開准美使函稱德華銀行曾欠本國人柯克習款項此人現將護照呈送到署以作實係美國國籍之証懇求轉將此節知會德華銀行總清理處以便還欠請轉行知照等因相應咨行貴部查照核辦見復可也等因當即令行天津德華銀行清理分處照章辦理去後茲據該分處復稱查該僑國籍以敵處所查証諸美使所稱尚無出入當即遵照飭示將該僑馬克存款折合銀元具支票發付該僑收領等語相應咨復貴部查照轉復美使可也

發美丁署使函

民國八年十月十三日

平字第三千一百七十八號

逕復者准芮公使函稱德華銀行曾欠本國柯克習款項此人現將護照呈送到署以作實係美國國籍之証懇求將此節知會德華銀行清理處以便還欠函請查照轉行知照等因當經本部轉行財政部核辦去後茲准復稱已令據天津德華清理分處復稱查該僑國籍以敵處所查証諸美國公使所稱尚無出入當即將該僑馬克存款折合銀元具支票發付該僑收領等語咨請查照轉復等因相應函復貴署公使查照可也

變賣德華房產交涉案

文別	事由	收發日期	原編號數	附記
收英館問答一件	德華行還地租屋契約已取消請即將動產移出由	七年十二月九日	字號	
發直隸交涉員電一件	德華銀行遷移動產事由	七年十二月十日	協字三六〇二號	
收直隸特派員函一件	遷移德華行動產事已與英領商議由	七年十二月十九日	昃字六三七〇號	
收財政部咨一件	天津德華銀行房屋被英領沒收請與英使交涉由	八年三月三十日	辰字三三七〇號	
發英朱使照會一件	天津德華銀行房產將來變賣所得之款應撥交清理處收管希轉飭遵辦並復由	八年四月一日	平字一〇二五號	
收財政部咨一件	天津德華銀行房產由英領拍賣得款應交清理處事希速辦由	八年四月十日	辰字四三七〇號	
發財政部咨一件	天津德華行房產事已催英使得復再達由	八年四月十四日	平字一一三四號	
發英朱使函一件	天津德華行房屋應由英領標售並將屋價交還清理處事希從速飭遵並復由	八年四月十四日	平字一一三六號	
收英朱使照會一件	售出德華房產之款項聲明不動用由	八年四月二十三日	辰字四七六九號	
發財政部咨一件	天津德華房產事准英使稱該房已復歸英政府所有至變賣所得款聲明與中政府商量後始動用由	八年六月三日	平字一七〇二號	

收英朱使照會一件 天津德國銀行變賣款項事 由 八年十二月二七日 宿字七三八九號

發財政部咨一件 變賣天津德華銀行事英使復文咨行查照 由 八年十二月卅日 平字四〇七六號

一件 由 年 月 日 字 號

一件 由 年 月 日 字 號

一件 由 年 月 日 字 號

一件 由 年 月 日 字 號

一件 由 年 月 日 字 號

一件 由 年 月 日 字 號

一件 由 年 月 日 字 號

一件 由 年 月 日 字 號

一件 由 年 月 日 字 號

收英館問答 民國七年十二月九日

德華銀行房舍事

英館巴參贊云關於英國政府新定將所有許予敵僑租賃房舍契約概行取消一節所頒發之新令飭係包括天津英租界德華銀行之房舍在內該項令飭特令居用該項房舍之人限於一個月內將所有動產悉數搬出倘不如期遵照辦理則該項動產應行沒收充公故對於中國之清理德華銀行處應即請天津交涉員與駐津英國領事商定辦法倘有困難情形該領事定當呈由本使館以便與貴部接洽本使館對於中國政府辦理該事甚願竭力通融此

則貴部可深信者也

發直隸交涉員電 民國七年十二月十日 協字第三千六百零二號

英界內德華銀行事詢准英館復稱該行係租地建屋原有契約現已取消歸國有其動產既歸中國清理自不干涉仰即與英領接洽將該行動產移歸我有如發生窒礙即電告本部以便再與英使商辦英館並稱必為助力希接洽辦理

收直隸特派員函　民國七年十二月十九日　昃字第六千三百零七號

次長鈞鑒竊奉十二月十日鈞部巳密電開英界內德華銀行事詢准英館復稱該行係租地建屋原有契約現已取消收歸國有其動產既歸中國清理自不干涉仰即與英領接洽將該行動產移歸我有如發生窒礙即電告本部以便再與英使商辦英館並稱必為助力希接洽辦理等因奉此遵由本特派員親與現任英領葛福面為接洽請將該德華銀行各項動產一律移歸我有據該領稱此節尚未奉駐京公使命令既承商及當將來意稟報公使俟接奉復示後再行知照辦理等語除俟接准英領知照再行

商辦具報外理合先行稟報鈞部鑒核實為公便

收財政部咨

民國八年三月二十二日 辰字第三千三百七十號

為咨行事案查天津德華銀行前由本部設處清理所有該行房產亟須變賣以備償還各項債務之用茲據天津德華銀行清理分處呈稱此項房屋已由英領沒收管理等語查該行地址既在英國租界之內將來即由英領主持拍賣本無不可惟德華銀行所有債權債務關係既均由本部清理處負其責任則此項房產變賣所得之款當然應由本部收管以便撥抵應請貴部照會英國公使轉飭駐津英領將德行標賣款項照數撥付天津清理分處以便抵還債欠至紉公誼相應咨達貴部即祈查照辦理可也

發英朱使照會

民國八年四月一日　平字第一千零二十五號

為照會事准財政部咨稱查天津德華銀行前由本
部設處清理所有該行房產亟須變賣以備償還各
項債務之用茲據天津德華銀行清理分處呈稱此
項房屋已由英領事没收管理等語查該行地址既
在英國租界之内將來即由英領主持拍賣本無不
可惟德華銀行所有債權債務關係既均由本部清
理處負其責任則此項房屋變賣所得之款即應由
本部收管以便撥抵請照會英國公使轉飭駐津英
領事將德行標賣款項照數撥付天津清理分處以
便抵還債欠等因查財政部請將天津德華銀行房

產將來變賣所得之款撥交天津清理處以備抵償
該行債款之用係屬理所當然相應照會貴公使查
照希轉飭駐津貴國領事遵辦並見復為荷須至照
會者

收財政部咨

民國八年四月十日

辰字第四千二百零七號

為咨行事天津德華銀行房產可由英領主持拍賣其所得之款應由本部收管以便清理一案業於本年三月二十一日咨請貴部照會英使轉飭駐津英領照辦在案現在為日已久未准咨復又據天津清理分處函催前來希再照會英國公使請其從速轉飭天津英領即將德行標賣應將賣價若干如數撥付天津清理分處查收以便抵還各債欠至為盼切相應咨請查照辦理可也

發財政部咨　民國八年四月十四日　平字第一千一百三十四號

為咨復事准咨以天津德華銀行房產可由英領主持拍賣其所得之款應交還清理處備抵債欠一事希再照會英使從速飭遵等因查此案前准三月二十一日來咨業經本部照會英朱使轉飭遵辦在案茲准前因除再迭催該使並俟得復再達外相應先行咨復貴部查照可也

發英朱使函　民國八年四月十四日　平字第一千一百三十六號

逕啟者查天津德華銀行房產將來變賣所得之款應撥交天津清理處以備抵償該行債款之用一事業經本部照會貴公使轉飭遵辦在案茲又准財政部咨稱此事又據天津清理分處來函催詢希再照會英國公使請其從速轉飭天津英領事即將德行標賣應將賣價若干如數撥付天津清理分處查收以便抵還債欠等因相應函達貴公使查照希從速轉飭遵辦並見復為荷

收英朱使照會

民國八年四月二十三日

辰字第四千七百六十九號

照會事天津德華銀行房產一事接准本月一日來文閱悉一切查該項房產係該行向本國政府租賃曾奉本國外部大臣令將租契取消以故該房產復歸本國政府所有在華似此復歸本國所有之產業之處置業經交由專任人員遵照本國政府隨時所發命令辦理是以本大臣此時不能聲明天津德華銀行房產出售之行應作如何辦理惟因中國政府清理德華銀行與該房產有關之故本大臣自應聲明本國政府除先與貴政府商量外則不將售出該房產所得之款若何動用也

發財政部咨 民國八年六月三日 平字第一千七百零二號

為咨復事案查天津德華銀行房產將來變賣所得之款應撥交天津清理處以備抵償該行債款之用一事前准來咨以此事又據天津清理分處來函催詢希再照會英使從速飭遵等因當經本部函請英使從速辦理並先行咨復在案茲准該使照稱該項房產係該行向本國政府租賃曾奉本國外部大臣令將租契取消以故該房產復歸本國政府所有在華似此復歸本國所有之產業之處置業經交由專任人員遵照本國政府隨時所發命令辦理是以本大臣此時不能聲明天津德華銀行房產出售之行

應作如何辦理惟因中國政府清理德華銀行與該房產有關之故本大臣自應聲明本國政府除先與貴政府商量外則不將售出該房產所得之款若何動用等因相應咨行貴部查核辦理可也

收英朱使照會

民國八年十二月二十七日　宿字第七千三百八十九號

照會事本年四月十四日接准來文請為轉飭本國駐天津總領事將彼處德國銀行變賣所得之款撥交天津清理分處等因當於同月二十一日經本大臣復以中國政府清理該行與該房產有關除先與貴政府商量外則不將所得之款若何動用等因在案並一面將貴代理總長所請之辭詳報本國政府查核茲奉復亦以動用德國銀行及其他敵人財產本國政府正在審查對於中國政府所請亦必予以相當之酌核也相應轉達貴代理總長查照為盼須至照會者

發財政部咨 民國八年十二月三十日平字第四千零七十六號
為咨行事關於變賣天津德華銀行房產一事前准
英朱使復文業經本部於六月三日咨行貴部查照、並
在案茲又准英使照稱此案前准來文當即照復並
一面將貴部所請之辭詳報本國政府查核茲奉復
示以動用德國銀行及其他敵人財產本國政府正
在審查對於中國政府所請亦必予以相當之酌核
等因相應咨行貴部查照可也

法工部局沒收德商財産交涉案

文別		事由	收發日期	原編號數	附記
收財政部函	一件	天津德華財產法工部局擬實行沒收請飭交涉員接洽辦理	由 八年一月三十日	辰字七五五號	
發直隸特員電	一件	法工部局實行沒收法界內德商財產事	由 八年一月廿四日	平字二一七號	
收直隸特派員呈	一件	天津德華清理處與德商債務關係事	由 八年一月廿九日	辰字一〇三六號	
發財政部公函	一件	天津法界德商財產事錄送直隸交涉員呈文	由 八年二月八日	平字三五〇號	
	一件		由 年 月 日	字 號	
	一件		由 年 月 日	字 號	
	一件		由 年 月 日	字 號	
	一件		由 年 月 日	字 號	
	一件		由 年 月 日	字 號	
	一件		由 年 月 日	字 號	

一件　由　年　月　日　字　號
一件　由　年　月　日　字　號
一件　由　年　月　日　字　號
一件　由　年　月　日　字　號
一件　由　年　月　日　字　號
一件　由　年　月　日　字　號
一件　由　年　月　日　字　號
一件　由　年　月　日　字　號
一件　由　年　月　日　字　號
一件　由　年　月　日　字　號
一件　由　年　月　日　字　號

收財政部函 民國八年一月二十二日辰字第七百五十五號

逕啟者據津清理分處津字第五十七號函開頃奉總字第四百六十九號台函內開頃由貴處派黃助員到處聲稱津法工部局定於本月五號實行沒收法界以內德商財產並稱貴處已先函致工局聲明該界內德產凡與德行有債務關係者應歸清理處處不得全行沒收其餘手續當俟盧辦事員回津再辦等語所議甚是惟盧辦事員現在滬處而該處事宜適在吃緊之時一時尚難離滬應由貴處通知駐津交涉員一面向工局聲明一面電盧辦事員妥商辦法事要期迅速進行再該助員帶去津處賬單

一本希即按簿詳查勿使遺漏並將辦理情形隨時具報本總處可也等因奉此查該賬單所載止有瑞豐瑞記兩數在法界沒收德商財產範圍之内經由敝處函致該工局阻止並電貴處合力電爭頃獲復函謂沒收一事於敝處權利原無防礙若欲如何辦法可於十五日以前到該局接洽准可通融辦理茲將該局復函傳抄一分寄閱并即電致盧辦事員妥商辦法此後如何情形當隨時具報請示辦法等因前來查盧辦事員克司現已由滬回津除其飭其向工部局交涉外相應函請貴部電飭駐津交涉員遇事接洽幫同辦理實紉公誼此致

發直隸特派員電 民國八年一月二十四日 平字第二百一十七號

准財政部稱津法工部局須實行沒收法界內德商財產經清理處函告該局凡與德行有債務關係者應歸本處處置不得全行沒收已飭盧克司向該局交涉請轉飭交涉員遇事接洽幫同辦理等因希照辦外交部

收直隸特派員呈 民國八年一月二十九日辰字第一千三十六號

呈為法租界没收德商財産關於德華銀行清理處債務糾葛事件謹將交涉情形報請核洛事案奉鈞部一月二十四日十碼電開准財政部稱津法工部局須實行没收法界内德商財産經清理處函告該局凡與德行有債務關係者應歸本處處置不得全行没收已飭盧克司向該局交涉請轉飭交涉員遇事接洽幫同辦理等因布即照辦等因奉此查天津法租界所有德商開設行棧業於上年十二月間經法使館派有管理敵僑産業員湯頡將各德商財産一律實行查封内有關係華人暨德奧人箇人自用

物件暨華商前與德商合辦營業迭據函稟報告均
由本署函致法領請其查明發還現有數案業已解
決前於一月四日准天津德華銀行清理處來函法
界內瑞豐洋行舊欠德華銀行款三萬零八百三十
三兩七錢八分又瑞記洋行連利息約欠二萬兩外
該兩行現被法工部局沒收除函致該局並電總處
外函請查照辦理等語經本署函致法領以德華銀
行前由中國接收派員清理茲准清理處函稱瑞豐
瑞記兩洋行均有積欠該行款項自應在該兩行財
產內如數撥還中國德華銀行清理處以昭公允嗣
由法管理員湯頡逕函清理處內稱德人應償之債

務尚未決定辦法因有時期之關係至速在本月十五日至收容貨物一事或再遲亦未可知如貴處清理洋員願單獨與鄙人集議請在事前預約日期俾得於每星期赴京二三日以資接洽等語當由本署函請清理處轉致辦事洋員逕行訂期面為接洽以期早日解決各在案是此事法管理員湯頓已請由清理處洋員函商解決自當由盧克司迅向該法員妥協商辦如其發生何項窒碍屆時應由清理處明晰函知本署即行據向法領交涉除遵飭仍與該處遇事接洽幫同辦理外所有本案交涉經過各情形理合據實呈復鈞部鑒核俯賜轉咨財政部查照令

飭德華銀行清理處遵照施行實爲公便

發財政部公函　民國八年二月八日　平字第三百五十號

逕復者准一月二十一日函稱津法工部局定期實行沒收法界內德商財產經清理處函告該局凡與德行有債務關係者應歸該處處置不得全行沒收已飭盧克司向該局交涉員遇事接洽幫同辦理等因業經本部電令直隸交涉員照辦去後茲據該員呈復以此事法管理員湯頡已請由清理處洋員面商解決自當由盧克司迅向該法員妥協商辦如其發生何項窒碍屆時應由清理處函知本署即行據向法領交涉等因相應抄錄該交涉員原呈函復貴部查照可也

敵人欠款案

文別	事由	收發日期	原編號數	附記
收直隸特派員函一件	審理敵人對于德華清理處債務事由	八年一月廿五日	辰字八六六號	
發德華銀行總清理處公函一件	盧克斯請派司法人員審理敵僑欠款案件事由	八年二月廿五日	平字五五七號	
收財政部咨一件	盧克司請派司法人員審理敵僑欠款案件事由	八年三月一日	辰字二三〇一號	
發直隸特派員指令一件	盧克司請派熟悉中西法律人員審理敵僑欠款案已函財政部轉行司法部辦理由	八年三月廿一日	平字八五五號	
一件	由	年月日	字號	
一件	由	年月日	字號	
一件	由	年月日	字號	
一件	由	年月日	字號	
一件	由	年月日	字號	
一件	由	年月日	字號	

一件　由　年　月　日　字　號

一件　由　年　月　日　字　號

一件　由　年　月　日　字　號

一件　由　年　月　日　字　號

一件　由　年　月　日　字　號

一件　由　年　月　日　字　號

一件　由　年　月　日　字　號

一件　由　年　月　日　字　號

一件　由　年　月　日　字　號

一件　由　年　月　日　字　號

一件　由　年　月　日　字　號

長字第八百六十六號

收直隸特派員函 民國八年一月二十五日

總次長鈞鑒現接天津德華銀行清理處洋員盧克斯英文來函譯稱頃奉北京訓令飭於十日內向德奧人民欠戶起訴查此種案件應在地方法庭審理其審理程序各協約國領事自必注意鄙人有鑒於此故已秘密報告北京提議請司法部選派熟識中西法律人員審理此等案件否則恐招外人訾議與中國國體關係非輕如鈞意亦以為然請即轉呈外交部咨核提出同樣議案實為至荷等語本特派員查核該洋員所陳意見關係甚為緊要理合據情稟呈鈞部鑒核迅賜裁奪咨商司法部核辦令遵實

為公便

發德華銀行總清理處公函 民國八年二月二十五日 平字第五百五十七號

逕啟者據本部特派直隸交涉員函稱據天津德華銀行清理處洋員盧克斯來函以奉北京訓令飭於十日內向德奧人民欠戶起訴查此種案件應在地方法庭審理其審理程序各協約國領事自必注意已密報北京提議請司法部選派熟識中西法律人員審理此等案件否則恐招外人訾議與中國國體關係非輕云云據情陳明核辦示遵等因查此事已由盧克斯一面報告貴處核辦相應函達查照希將辦理情形見復以憑令遵

收財政部咨　民國八年三月一日　辰字第二千三百零八號

為咨復事准貴部函開據本部特派直隸交涉員函稱據天津德華銀行清理處洋員盧克司來函以奉北京訓令飭於十日內向德奧人民欠戶起訴查此種案件應在地方法庭審理其審理程序各協約國領事自必注意已密報北京提議請司法部選派熟識中西法律人員審理此等案件否則恐招外人訾議與中國國體關係非輕云云據情陳明核辦示遵等因查此事已由盧克司一面報告貴處核辦相應函達查照希將辦理情形見復以憑令遵等因准此案查天津德華銀行清理分處洋員盧克司函稱現

敝處已發出通告與德華銀行負債者限期十天內
將所欠該行款項如數清還否即提起控訴惟此種
控訴當然在我國地方審判廳聽斷津中協約領事當
無不格外注目敝處以為宜先知照司法部預選一
精通中外法律者充當是職俾至時提起控訴無不
迎刃而解否則於司法前途及我國名譽大有防碍
不無過慮是否有當尚冀鈞裁見復為荷等語當經
本部轉咨司法部查照見復去後茲據司法部咨復
事關敵國人民訴訟為中外觀聽所繫前已由部訓
令各該審判衙門派定審理此項訴訟專任推事將
來對於適用法律等節自能審慎從事除再轉令直

隸高審廳轉知格外注意外相應咨復貴部查照為
荷等因到部本部除已將司法部咨復飭令天津德
華銀行清理分處知照外相應咨復貴部查照轉知
直隸交涉員可也

發直隸特派員指令　民國八年三月二十日　平字第八百五十五號

前據函陳天津德華銀行清理處洋員盧克司提議請由司法部選派熟識中西法律人員審理敵國人民大戶訟案已由其一面報告總清理處請轉咨核辦示遵等情當經咨准財政部復稱此案業轉行司法部據稱事關敵國人民訴訟為中外觀聽所繫前已由部訓令各該審判衙門派定審理此項訴訟專任推事將來對於適用法律等節自能審慎從事茲准已再轉令直隸高審廳轉知格外注意云云除錄咨令行天津德華銀行清理處知照外請轉知直隸交涉員等因合行令仰該特派員遵照

禮和洋行債權務關係案

文別	事由	收發日期	原編號數	附記
收和員使照會一件	禮和洋行欠德華款項暨德華欠該行款項應互相抵劃由	八年一月廿九日	辰字一〇一五號	
發德華銀行總清理處公函一件	禮和對於津漢兩行債權債務應否相抵希核復由	八年二月五日	平字三〇九號	
一件	由	年月日	字號	
一件	由	年月日	字號	
一件	由	年月日	字號	
一件	由	年月日	字號	
一件	由	年月日	字號	
一件	由	年月日	字號	
一件	由	年月日	字號	
一件	由	年月日	字號	

一件　由　年　月　日　字　號

一件　由　年　月　日　字　號

一件　由　年　月　日　字　號

一件　由　年　月　日　字　號

一件　由　年　月　日　字　號

一件　由　年　月　日　字　號

一件　由　年　月　日　字　號

一件　由　年　月　日　字　號

一件　由　年　月　日　字　號

一件　由　年　月　日　字　號

一件　由　年　月　日　字　號

收和貝使照會 民國八年一月二十九日 辰字第一千零十五號

照會事所有欠天津德華銀行款項之德人內有禮和洋行亦接到該銀行清理員函件令其於十日內清還債務查該洋行欠天津德華銀行洋九千五百九十元九角二分惟駐漢口之德華銀行反欠該洋行款項洋二萬二千七百零一元三角二分先經該洋行請天津清理員將此兩筆款項相抵以銷其所負債務清理員未予核准據本大臣之意拒絕此項請求甚不公道蓋各處德華銀行所立之營業處所均為總機關之支部竟視各營業處所為獨立機關與實在情形甚不符合中國政府當初亦深明此意

所立之清理處以總其成而令各處所之清理員隸屬該總處之下是其明証辦法既已如是則某人在此處向該銀行負有債務並在彼處向該銀行享有債權應准彼此相抵實為適當如不准照此辦理清理員不免貽人以疑惑或者謂非清理銀行也實困難債務人也當初清理之本意必不如是查清理該銀行之舉動原甚不公應請貴次長設法免於不公之上再加不公實為至要相應照會貴次長查照可也

發德華銀行總清理處公函 民國八年十二月五日 平字第三百零九號

逕啟者准和貝使照稱禮和洋行接到天津德華銀行清理處函令其於十日內清還債務查該洋行欠天津德華銀行洋九千五百九十元九角二分准駐漢口之德華銀行函反欠該洋行款項洋二萬二千七百零一元三角二分先經該洋行請天津清理員將此兩款相抵以銷其所負債務清理員未予核准據本大臣之意拒絕此項請求甚不公允蓋各處德華銀行所立之營業處所均為總機關之支部若竟視各營業處所為獨立機關與寔在情形甚不符合中國政府當初亦深明此意所立之清理處以總其成

而今各處所之清理員隸屬該總處之下是其明証辦法既已如是則某人在此處向該銀行負有債務並在彼處向該銀行享有債權應准彼此相抵寔為適當等因查清理德華銀行辦法第三第十四等條載有敵人債權債務不在清理範圍之列暨總處應在德行所在地登報通知各欠戶不問國籍由登報日起一個月內將欠款還清等語綜觀以上各條是敵人對於該行祇有還債之責原無索款之權惟和使之意以各地德行均屬總行之支部初無疆界可分所有津漢兩行對於禮和洋行之債權債務應准彼此抵銷所持亦具有理由應否酌予通融之處相應

並達貴處查明酌核辦理並見復可也

天津德華清理處拍賣敵產案

文別	事由	收發日期	原編號數	附記
收直隸特派員管理敵產分局呈一件	和委抗議德華清理處拍賣敵產事由	八年四月九日	辰字四一五七號	附件二
發管理敵國人民財產事務局公函一件	天津德華清理處拍賣敵產事希迅核辦由	八年四月十日	平字一二〇一號	
收直隸特派員管理敵產分局會呈一件	天津德華清理處拍賣德國小學校希併案核奪由	八年四月十一日	辰字四二七二號	
發管理敵產事務局公函一件	天津清理處拍賣德國小學校事希併案辦復由	八年四月十二日	平字一一三三號	
一件	由	年月日	字號	
一件	由	年月日	字號	
一件	由	年月日	字號	
一件	由	年月日	字號	
一件	由	年月日	字號	
一件	由	年月日	字號	

一件　　由　年　月　日　字　號
一件　　由　年　月　日　字　號
一件　　由　年　月　日　字　號
一件　　由　年　月　日　字　號
一件　　由　年　月　日　字　號
一件　　由　年　月　日　字　號
一件　　由　年　月　日　字　號
一件　　由　年　月　日　字　號
一件　　由　年　月　日　字　號
一件　　由　年　月　日　字　號
一件　　由　年　月　日　字　號

收直隸特派員管理敵產分局呈

民國八年四月九日
辰字第四千一百五十七號

呈為天津德華銀行清理處拍賣敵產五處現和委來函抗議謹查明案情懇請核示事案准天津德華銀行清理處洋員盧克斯函稱本處擬定於四月十一日即星期五拍賣敵人財產茲將拍賣敵產清單一紙奉上即請詧閱是荷等因並附送登報廣告清單一紙到局正核辦間准駐津和國委員四月五日函開頃閱今日京津泰晤士報載有英商茂盛叫賣行受天津德華銀行清理處之委託將天津及北戴河所有德人產業公布拍賣廣告一則本委員查此項業主係德華銀行之債戶其房地前因借款押與

德華銀行經審判廳判決該業主等應將欠款還清伊等皆殷實商人非不能償還其欠款然其中之被中國政府遣送回國者現已離津因此阻礙而不及辦理而刻下留津之債户又以中國政府曾宣布各項命令以致與本國斷絕交通及不能辦理商務事宜故難暫時還債如現在竟將該債户等產業主權一旦令其放棄並不顧及目下之困難此等舉動不能得不視為強硬且因所有產業較諸所欠之債其價值相差何啻倍蓰按照中國所定民事訴訟章程為判決執行起見可查封欠債者之物產勒限完案爰有以上各種情由應請貴特派員設法以免將抵

押之地柏賣並可為德華銀行清理處將各地查封即勒限令該債戶等如數還清欠款惟勒限之長短須俟大局照常後再緩數月方為滿限再者此次清理處辦法與平常案件執行手續迥不相同該債戶等之利權不免大受虧損若照平常辦法凡有抵押之地畝向歸地方審判廳柏賣該廳先將該地估計價額賤價出售然後再定一長限俾令凡願購地者聲明出價若干如此行之則該債戶等之利益自享相當之維持然清理處則大不然也應請貴特派員對於此事不允其如此之辦法總而言之此次茂盛叫賣行所登柏賣之廣告與平常辦法殊不相符若

願按公理而行應對於該債戶等予以相當期限以
便俟大局平復自可將欠款如數還清為此專函請
煩查照設法俾免於本月十一日所定拍賣之事不
致實行倘貴特派員不能自為主張即電達貴國
政府核辦以為日倉卒故也並希迅復為荷又准該
委員四月六日函開德華銀行清理處委託茂盛叫
賣行將德人地畝拍賣一事昨已函達在案復查若按
該清理處辦法是債權人擅自委託商行定一極短
期限將抵押之不動產拍賣又不預先估計價額此
種手續無論何國法律皆所不許即中國官府向亦
無此辦法昨日去函內已述及矣查管理敵國人民

財產條例第六條如清理其財產時得由管理敵國人民財產事務局清理其財產且三月十九日國務院関於以上第六條亦經公佈清理規則之令按規則第四條所載變賣該敵國人民之財產應以清償債務所必須者為度此次拍賣可由茂盛行作主不知有何限制現在已經遣送回國之德義行東及本埠前德華銀行經理屢次聲明德義行坐落天津英租界之房地所有價值較欠該銀行之款多至倍蓰試問不惟將此地拍賣而並拍賣北戴河之地是何故也耶又查第五條所載變賣不動產應請由司法官廳拍賣之試問該清理處何以不遵守此項規則

即又查第六條所載清理員應催告該敵國人民之債權人債權人提出證據聲明權利試問此次該清理處祗知為保全但人債權而何以對於他項之債權概置不顧耶倘有餘款將何以處置之又查第十九條所載清理員行使職務應隨時注意該敵國人民及其他利害關係人之利益因清理員之故意或重大過失致該敵國人民或其他利害關係人受損害者應負賠償之責云云按此次該清理處辦法足見對於敵國人民及其他利害關係人利益之處亦甚注意不過顧將該處債款索回便為了事本委員為以上各種情形合再函請貴特派員查照設法務

將本月十一日拍賣之事打消之以期不致實行尤當聲明如願按公理而行據本委員之見應對於該債户等予以相當期限以便俟大局平復自能將欠款如數還清至於德國小學校因係公地且照海牙和平會陸戰章程第五十六條有特別保護之辦法亦應請特別維持至級公誼各等因由交涉署移會本分局核辦前來查前此承准二月十二日管理敵國人民財產事務局真電轉行德華銀行清理處處置抵押敵僑財產辦法五條關於該清理處具有債權之敵產應分別已經占有與尚未占有以及已占有之抵押品應分別已經到期與尚未到期前項辦

法五條當已轉函該清理處暨特別區管理局一體
查照在案茲查閱該清理處開送拍賣敵產五處清
單其第一第二第五各項敵產均經天津警察廳接
收第三項敵產亦經英領開單送由本分局接收第
四項敵產應歸臨榆縣接收以上均在本分局管理
範圍以內自屬該清理處尚未占有之抵押品現該
處擬請拍賣自應依議定辦法第二條辦理惟和委
一再來函抗議若不慎重研究該委必以此函為將
來交涉之根據本分局恐難負此責任究竟前項敵
產五處應否即由該清理訂期拍賣抑應如何辦理
之處除咨呈管理敵國人民財產事務局核復外理

合將該清理處開送清單連同京局轉行議定辦法
並係一併照繕清摺呈請鈞部鑒核迅賜裁奪令遵
實為公便再此呈係會同交涉署辦理合併聲明謹
呈
計呈送清摺二扣

照錄議定德華銀行清理處處置抵押敵僑財產辦法

計開

一、德華銀行清理處已占有之抵押品仍應依照管理敵國人民財產條例第二條及細則第九條之規定直接向本局為之

二、於敵僑起程之日起其所抵押之財產德華銀行清理處尚未占有者當然由管理財產局接收以後如德華銀行清理處有認為應行使債權時得照德華銀行章程或抵押契約為之其須提起訴訟者依照管理敵國人民財產條例第五條之規定向本局為之

三德華銀行清理處已經占有並已到期之抵押品當然可以變賣但已占有尚未到期者德華銀行清理處如欲提前變賣時係屬變更該銀行章程或抵押契約須經由本局呈請主管部之核示方得為之

四德華銀行清理處已占有而未到期之抵押品如雙方願提前變賣者得由敵僑依法請求該管地方官廳特許後亦得為之

五敵僑寄託於德華銀行之物品亦應適用管理敵國人民財產條例第二條及細則第九條之規定直接向本局為之

照譯京津泰晤士報四月五日登載英商茂盛叫賣行之廣告。茲奉本埠德華銀行清理處函請將左列之財產由本行訂期拍賣等語現擇定本月十一日下午四句鐘在中街二十九號本行辦公室內當衆拍賣用以佈聞

計開

一威爾遜街三號克立曼 Klemann 之產記地五畝三分三厘二毫上有住房一所小屋數座鋪房四座

二威爾遜街一百二十六號克林特 Corinth 之產記地二畝三分三厘二毫上有辦公室一所

三英推廣租界第一百五十三號德義洋行 Walter Co.

之産記地八畝三分八厘二毫上有房屋數座
四北戴河西頭德義洋行Walter.Co.之産記地三十
一畝六分五厘五毫上有住房市~~屋~~屋數座
五特別第一區學堂街一至三號德國學校German.
School 之産記地五畝九分八厘四毫上有房屋數
座

發管理敵國人民財產事務局公函
民國八年四月十日
平字第一千一百零一號
逕啟者據直隸特派員直隸管理敵產分局局長會
呈稱天津德華銀行清理處定於四月十一日拍賣
敵產五處叠經和委來函抗議以前項敵產價值超
出原欠數目過多又不由司法官廳估價拍賣核與
清理規則第四五六等條不符請將拍賣之事打
消等語前項敵產均在本分局管理範圍以內該
清理處尚未占有之抵押品現該處擬請拍賣自應
依議定辦法第二條辦理惟和委一再來函應如何
辦理請鑒核令遵等因查前項德華銀行清理處委
託茂盛呌賣行拍賣之敵產和委以與清理規則不

符請予停止拍賣亦屬持之有故除原呈業據分致
不另抄送外相應函達貴局查照核辦逕行電復並
聲復本部可也

收直隸特派員管理敵產分局會呈 民國八年四月十二日 辰字第四千二百七十二號

呈為和委對於天津德華銀行清理處拍賣敵產復提出抗議理由報請併案核示事案准和國駐津委員函開為德華銀行清理處擬拍賣德人地畝一事既按各國法律皆所不許且非辦理此事之正當手續迭於本月五日六日函達在案茲另有陳述者現有人擬將德國小學校所欠德華銀行清理處之款願代還清以免拍賣然據該清理處聲明此舉歸為無效即償還此款亦非拍賣不可本委員對於此事不能不提出抗議應請貴特派員轉致該清理處將小學校所還欠款收下免其拍賣其在該清理處欲

拍賣其他之各項地畝經本委員證明該判決書內僅謂各債戶應將欠款照數清還然並未經判定將前所抵押於該銀行之地交與該清理處任其處置是以按現行法律該清理處應請由該管審判廳將各地拍賣所得價值內將所欠清理處之款撥還否則該清理處所定拍賣辦法定屬非法之行為自歸無效為此仍請務將本月十一日拍賣之事力予打消且對於各債戶等定一正當辦法俾俟大局平復再行償還因事迫時促布即迅復是為至荷等因准此查此事昨准和委先後來函業經分別呈咨請示在案茲復准和委函稱前因除咨呈管理敵國人民

財產事務局外理合呈請鈞部鑒核迅賜併案裁奪
電令祇遵再此呈係會同交涉署辦理合併聲明

發管理敵產事務局公函　民國八年四月十二日　平字第一千一百二十二號

逕啟者查和委抗議天津德華銀行清理處拍賣敵產一事前據直隸特派員等會呈請示到部業經本部函達核辦在案茲又據該員等呈稱准和委函開有人擬將德國小學校所欠德華銀行清理處之款願代還清以免拍賣然據該清理處稱即償還此款亦非拍賣不可本委員不能不提出抗議應請免其拍賣其他各項地畝並未判交該清理處任其處置所定拍賣辦法應歸無效等語呈請核奪前來應如何辦理之處除原呈業據分致不另抄送外相應函達貴局查照併案核辦並見復可也

清理漢口德華銀行案

國民政府接收前外交部案卷

廿三

第三千六七號

清理漢口法義銀行案

中華民國六年八月起
八年二月止

抄檔一冊

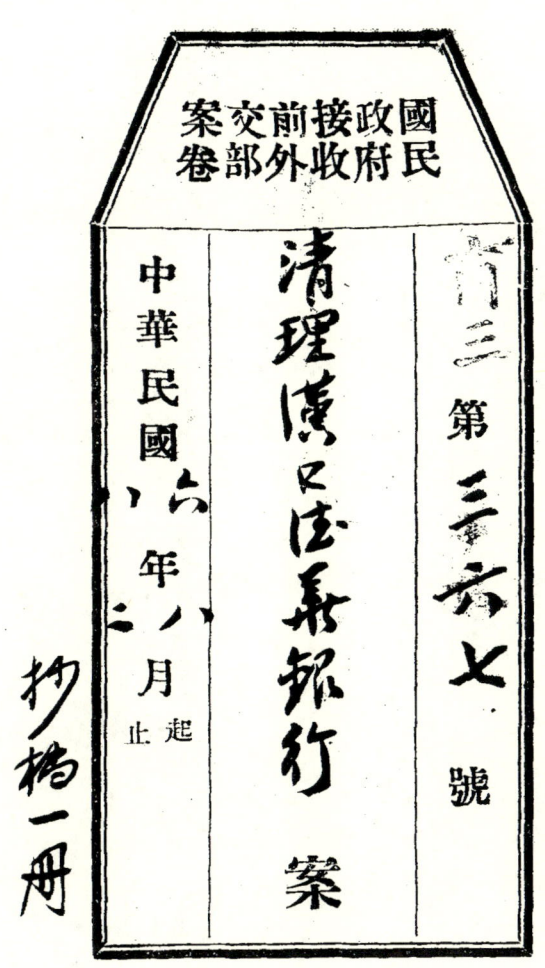

字 號

清理漢口德華銀行案 抄檔

通商 司廳 榷算 科 門 類 原 司股

共收文 九 件 共發文 十 件 附 件 計錄 件

繕竣 送 司廳

總目錄

（一）押收漢口德華銀行案

文別	事由	收發日期	原編號數	附記
發漢口交涉員電一件	明日押收德華銀行由	六年八月十三日	九字一二七一號	
發漢口交涉員電一件	郵寄處置德華銀行方法印件由	六年八月十四日	九字一二七二號	
發漢口吳交涉員電一件	接收德華銀行事由	六年八月十四日	字號	
收漢口特派員電一件	已派員接收德華銀行事由	六年八月十六日	字號	
一件	由	年月日	字號	
一件	由	年月日	字號	
一件	由	年月日	字號	
一件	由	年月日	字號	
一件	由	年月日	字號	
一件	由	年月日	字號	

一件　由　年月日　字　號

一件　由　年月日　字　號

一件　由　年月日　字　號

一件　由　年月日　字　號

一件　由　年月日　字　號

一件　由　年月日　字　號

一件　由　年月日　字　號

一件　由　年月日　字　號

一件　由　年月日　字　號

一件　由　年月日　字　號

一件　由　年月日　字　號

發漢口交涉員電 民國六年八月十三日 力字第一二七一號

明日押收德華銀行

原文存天津德華案

發漢口交涉員電 民國六年八月十四日　　力字第一三七二號

郵寄處置德華銀行方法印件

原文見上海德華案

發漢口吳交涉員電 民國六年八月十四日

已今日對德奧宣戰敝奉部令辦理接收德華銀行事宜昨已由部電請執事先派員役監視一面會同本行所派人員辦理本行現派漢行經理錢宗瀚暨洋員遠山會辦此事請與接洽為荷中國銀行王克敏十四日外交部代

收漢口特派員電民國六年八月十六日

外交部已十三日急電先到遵即派員與中國銀行

錢行長赴德華接收已據交出帳票現欵謹聞餘呈

詳仲賢叩十五日

(二) 德華行夥請薪案

文別	事由	收發日期	原編號數	附記
收特派漢口交涉員電 一件	德華員薪可否在存欵內支給請示遵 由	六年八月十四日	字 號	
發漢口特派員電 一件	德華員薪應開明數目呈部核准再給 由	六年八月廿五日	力字一三八三號	
發中國銀行函 一件	已電復漢口交涉員支給行員薪費辦法 由	六年八月廿七日	力字一三九〇號	
收漢口特派員電 一件	德華行華人辦事薪水可否照發 由	六年八月廿二日	字 號	
收漢口特派員電 一件	德華行辦事華人薪水如何支給 由	六年九月一日	字 號	
收湖北特派員電 一件	德華行辦事華人薪水如何支給 由	六年九月二日	字 號	
發中國銀行總裁公函 一件	漢口德華辦事華人薪水希酌定辦法見復 由	六年九月三日	力字一四八〇號	
收德華銀行總清理處函 一件	漢行華夥薪金可照付三個月按月支給 由	六年九月六日	月字一千一百八[illegible]號	
發特派湖北交涉員電 一件	德華銀行華夥薪水可照付三個月按月支給 由	六年九月六日	力字一五二〇號	
一件	由	年月日	字 號	

一件　由　年　月　日　字　號
一件　由　年　月　日　字　號
一件　由　年　月　日　字　號
一件　由　年　月　日　字　號
一件　由　年　月　日　字　號
一件　由　年　月　日　字　號
一件　由　年　月　日　字　號
一件　由　年　月　日　字　號
一件　由　年　月　日　字　號
一件　由　年　月　日　字　號
一件　由　年　月　日　字　號

收特派漢口交涉員電民國六年八月二十四日
外交部十碼德華帳目檢查需時其行夥薪費可否
在存欵中支給請示遵吳仲賢叒

發漢口特派員電 民國六年八月二十五日 力字第一三八三號

養電悉德華員薪應開明每月需數呈部核准後再在該行存款內支給外

發中國銀行函民國六年八月二十七日　力字第一三九〇號

已電復漢口交涉員支給行員薪費辦法

原文在上海德華案

收漢口特派員電民國六年八月三十一日

外交部十碼二十七日電陳德華行辦事華人薪水

數目未奉復可否照發乞電示仲賢叩卅

收漢口特派員電民國六年九月一日

北京外交部十碼德華行之辦事華人本月份薪水計銀四百五十五兩洋二百三十八元如何支給請示遵仲賢叩三十一日

收湖北特派員電民國六年九月二日

北京外交部十碼德華行之辦事人本月份薪水計

銀歧山襄助並請轉告外部二百三十八元如何支

給請示遵仲賢卯沁

發中國銀行總裁公函 民國六年九月三日 力字第一四八〇號

逕啓者案查漢口德華行員請支薪費一事前據特派漢口交涉員來電本部當以應開明每月需數呈部核准後再在該行存款內支給等語電復該交涉員並函達貴總裁查照各在案茲又疊據該交涉員六月三十三十一等日來電稱德華行辦事華人本月份薪水計銀四百五十五兩洋二百三十八元可否照發等因請示前來查辦事華人亦係行夥之一部分德夥既已准給在前華夥自行應量予支給庶免偏枯惟德華行業已停止營業則現存之款有限亦屬難乎為繼至若德華京行且并無分文之存款萬

一華夥援例要求轉難應付漢口交涉員所請應否暫予照付或酌定限制以照付三個月為限之處相應函達貴總裁查照希即酌定辦法見復以憑轉電該交涉員遵照可也此致

收德華銀行總清理處函 民國六年九月六日 月字第一千八百八十號

逕啟者接准貴部一五零號公函內開案查漢口德華行員請支薪水一事前據特派漢口交涉員來電本部當以應開明每月需數呈部核准後再在該行存款內支給等語電復該交涉員並函達貴總裁查照各在案茲又迭據該交涉員六月三十三十一等日來電稱德華行辦事華人本月分薪水計銀四百五十五兩洋二百三十八元可否照發等因請示前來查辦事華人亦係行夥之一部分德夥既已准給在前華夥自應量予支給庶免偏枯惟德華行業已停止營業則現存之款有限亦屬難乎為繼至若德

華京行且并無分文之存款萬一華夥援例要求轉難應付漢口交涉員所請應否暫予照付或酌定限制以照付三個月為限之處相應函達貴總裁查照希即酌定辦法見復以憑轉電該交涉員遵照等因查德華銀行既已停止營業原有辦事華夥薪水自應量予支給所有漢口德華銀行華夥薪水應照付三個月按月支給相應函復貴部轉飭查照再來函所云該交涉員於六月三十三十一等日來電等語查接收德華銀行一事係屬八月内發生來函六字似係八字之誤合併聲明此致

發特派湖北交涉員電 民國六年九月六日 力字第一五二〇號

電悉當詢准中國銀行稱德華銀行辦事華員薪水

應以三個月為限按月支給等語希遵照外

（三）德人請提存欵

文別	事由	收發日期	原編號數	附記
收和館問答一件	商議商號酌提存款由	六年十月三日	字號	
收和館問答一件	漢口德華存款事由	六年十月九日	字號	
發德華銀行總清理處公函一件	漢口德商號請提德華存款事希核辦見復由	六年十月二十三日	力字二〇二四號	
發漢口特派員訓令一件	德奧人請提德華存款辦理手續由	六年十月二十三日	力字二〇九三號	
發湖北特派員訓令一件	抄送清理德華銀行暨敵人請提月貴各辦法由	六年十一月二日	力字二二四〇號	
一件	由	年月日	字號	
一件	由	年月日	字號	
一件	由	年月日	字號	
一件	由	年月日	字號	
一件	由	年月日	字號	

一件　由　年　月　日　字　號
一件　由　年　月　日　字　號
一件　由　年　月　日　字　號
一件　由　年　月　日　字　號
一件　由　年　月　日　字　號
一件　由　年　月　日　字　號
一件　由　年　月　日　字　號
一件　由　年　月　日　字　號
一件　由　年　月　日　字　號
一件　由　年　月　日　字　號
一件　由　年　月　日　字　號

收和館問答 民國六年十月三日

王景岐赴和館晤卓通譯問答

漢口存款事

卓云　箇人在德華銀行存款中國政府既允提出若干為其日用但是商號為發給工食起見亦有用度亦擬月提若干未知政府允可否

景岐許為歸陳部長核辦

卓君乃交下漢口各商號擬提數目清單一紙

清單存原檔

收和館問答民國六年十月九日

王景岐接晤和館卓通譯問答

漢口德華銀行存款事

卓云漢口德人存在中國銀行之款業已可提惟存在德華之款據漢口來信貴部尚未訓令按日發給

發德華銀行總清理處公函民國六年十月十二日力字第一二〇四號

逕啓者准和館稱個人在德華銀行存款中國政府既允提出若干為其日用但商號為發給工食起見亦有用度亦擬月提若干可否允准等因並交來漢口各商號擬提數目清單一紙正核辦間適准貴處來函以據各地清理處造送德華銀行統計表約計該行存款為數無多嗣後對於德人請提存款務乞查明實情隨時酌辦遇有數目稍多之款略予限制以免為難等因本部查該商號等請提之款可否酌准提用自應以德華漢行實存款項之多寡為斷相應抄錄前項清單函達貴處查照酌核辦理並見復

可也此致

發漢口特派員訓令民國六年十月三十日　力字第二〇九三號

德奧人請提德華存欵辦理手續

原文見上海德華案

發湖北特派員訓令 民國六年十月二日 力字第二四〇號

抄送清理德華銀行暨敵人請提月費各辦法

原文在天津德華銀行案

(四) 禮和洋行債權債務之關係

文	別	事	由	收發日期	原編號數	附記
收和貝使照會	一件	禮和洋行欠天津德華款暨漢口德華欠該行款應互相抵劃	由	八年一月二十九日	辰字一〇一五號	
發德華銀行清理處函	一件	禮和對於津漢兩行債務債權應否相抵希核復	由	八年二月五日	平字三〇九號	
	一件		由	年月日	字號	
	一件		由	年月日	字號	
	一件		由	年月日	字號	
	一件		由	年月日	字號	
	一件		由	年月日	字號	
	一件		由	年月日	字號	
	一件		由	年月日	字號	
	一件		由	年月日	字號	

一件 由 年 月 日 字 號

一件 由 年 月 日 字 號

一件 由 年 月 日 字 號

一件 由 年 月 日 字 號

一件 由 年 月 日 字 號

一件 由 年 月 日 字 號

一件 由 年 月 日 字 號

一件 由 年 月 日 字 號

一件 由 年 月 日 字 號

一件 由 年 月 日 字 號

一件 由 年 月 日 字 號

收和貝使照會 民國八年一月二十九日　艮字第一〇一五號

禮和洋行欠天津德華欵暨漢口德華欠該行欵應
互相抵劃

原文見天津德華案

發德華銀行清理處函民國八年二月五日 平字第三〇九號

禮和對於津漢兩行債務債權應否相抵希核復

原文見天津德華案

清理廣州德華銀行案

國民政府接收前外交部案卷

商二第三五八號

清理廣州德華銀行案

中華民國六年八月起
八年十二月止

抄檔一冊

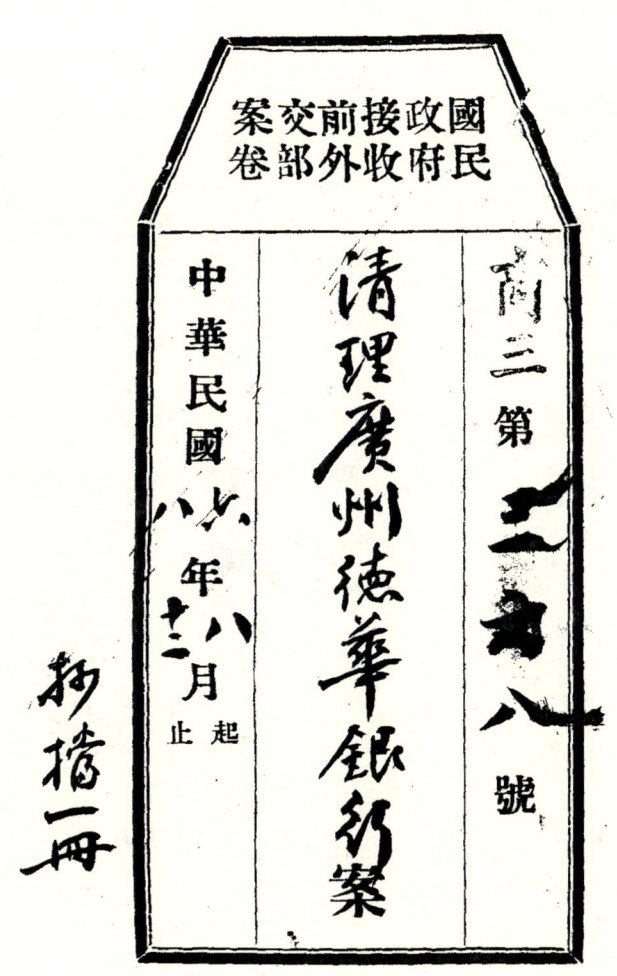

字　號

清理廣州德華銀行案　抄檔

通商司廳　榷算科　門　類原　股司

共收文十九件　共發文十六件　件附　件計錄　件

繕　竣　送　司廳

總目錄

（一）押收廣州德華銀行案

文別	事由	收發日期	原編號數	附記
發廣州交涉員電一件	接收德華銀行事希會商英領并與粵行經理馮嘉錫洋員麦雲會辦接洽由	六年八月十四日	字號	
發廣州交涉員電一件	郵寄處置德華銀行方法印件由	六年八月十四日	力字一三七二號	
收廣東特派員電一件	接收德華銀行情形由	六年八月廿日	字號	
收德華銀行總清理處函	清理廣州分行簿據不全請地方官勒交由	六年九月四日	月字一千五百七十七號	
發廣東督軍電一件	德華銀行簿據缺之着令交出由	六年九月四日	力字一四九七號	
收廣東特派員電一件	德華行簿據不全着令交出由	六年九月廿日	字號	
收德華銀行清理處函	廣州交涉員不肯將全副帳單簽字請電飭律照簽由	七年四月十四日	盈字三千七百四十二號	
發廣州交涉員電一件	德華賬目事由	七年四月十八日	協字一〇〇〇號	
收廣東特派員電一件	德華賬目事由	七年六月十日	字號	
收德華銀行總清理處函	廣州清理處所造帳單請飭交涉員簽字由	七年六月九日	盈字六千三百二十四號	

發廣州特派員電一件 德華帳目事 由 七年六月廿四日 協字一七三一號

一件 由 年 月 日 字 號

一件 由 年 月 日 字 號

一件 由 年 月 日 字 號

一件 由 年 月 日 字 號

一件 由 年 月 日 字 號

一件 由 年 月 日 字 號

一件 由 年 月 日 字 號

一件 由 年 月 日 字 號

一件 由 年 月 日 字 號

一件 由 年 月 日 字 號

發廣州交涉員電民國六年八月十四日
接收德華銀行事希會商英領并與粵行經理馮嘉錫洋員麦雲會辦接洽
原文見上海德華案

發廣州交涉員電 民國六年八月十四日 力字第一三七二號

郵寄處置德華銀行方法印件

原文見上海德華案

收廣東特派員電　民國六年八月三十日

外交部中國銀行王總裁鈞鑒德華銀行事咸日接王總裁寒電銑日奉鈞部元電兩紙遵與粵中行馮經理及廣州英總領接洽十七由英總領派員先將德華封閉廿一會同馮總（經）理暨英副領及財政廳所派委員前赴該銀行經由英領將德華銀行庫鑰交馮經理接收所有簿據錢幣各物現由粵中行馮經理分別存管理合電陳特派廣東交涉員梁瀾勳叩豔督軍代

收德華銀行總清理處函

民國六年九月四日　月字第一千七百七十七號

逕啟者頃得廣州中國銀行咧電稱清理德華銀行簿據缺之主要簿三本聞寄存德國教堂即由檢察廳出票到教堂檢查並無此物據會長云前確有寄存物件宣戰後復移出現請督軍省長票拘該大班管賬員著令交出等因據此相應函請貴部迅予電催廣州督軍省長拘該大班及管賬員勒令將主要賬簿三本立即交出以資結算此致

發廣東督軍電 民國六年九月四日力字第一四九七號

據中國銀行函稱廣州中國銀行清理德華銀行簿據缺乏主要簿三本請電粤省長官飭拘該大班及管賬員著令交出等語希查照辦理並電復外

收廣東特派員電 民國六年九月二十日

財政外交部鈞鑒粵[redacted]涉面德華行隱匿簿據事經中國銀行函由督軍飭審判廳票拘勒追並由交涉員通知英和兩領隨將該大班哥羅門拘到據供該行一切賬目已詳載前繳各簿內儘可分別清理餘簿三本與清理數目無關如接收各數清理時有不明晰願隨時遵傳到案逐一核算等語現審廳飭該大班在外候訊除俟中國銀行核明各數再行會商妥辦外謹先奉聞特派廣東交涉員梁瀾勳皓呈省署代印

收德華銀行清理處函一件　中華民國七年四月十四日

盈字第三千七百四十二號

逕啟者頃據廣州清理處電稱交涉員不肯將全副帳單簽字僅允將結至八月十七日之現金帳單簽字請即電示遵辦等因查廣州德華銀行去歲點收時缺少主要帳簿三本曾經

貴部電粵督軍省長轉飭地審廳傳到該行大班哥羅門據供該行一切帳目已詳載前繳各簿內儘可分別清理倘不明晰願隨時遵傳到案核算等語業由廣東交涉員呈報在案嗣廣州清理處辦事員因無主要帳簿只得就補助各帳逐筆彙列尚有補助帳未列之款皆由原記帳員司利華本其所記按項

補錄竭月餘之力始得造成全帳按照原定接收德
華銀行辦法此項帳單應由清理處辦事員會同交
涉員及地方官並該行大班一同簽字所有各清理
處皆已照辦茲據來電所稱廣州交涉員不肯將全
副帳單簽字揣其原因當係以該帳單未得主要帳
簿為據但由補助帳及司賬員所記照錄而成深慮
該帳單未能確實將來或致負責所以不肯簽字查
該行主要帳簿未據該行大班繳出此項全副帳單
係由彙錄而成業經該清理處聲明在案所以欲得
交涉員連同簽字者不過為完成接收德華銀行之
手續且此項全副帳單既經清理處詳慎推造自應

由交涉員及地方官會同簽字證明此事以完手續
相應函達
貴部即希電飭廣州交涉員一律照簽為荷此致
外交部

發廣州交涉員電　中華民國七年四月十八日協字一〇〇〇號

據德華總清理處函稱粵行主要賬簿未經該大班繳交祇就補助各賬及由原記賬員所記照錄而成交涉員處不確實不肯會同簽字此項全帳既經該清理處詳慎推造應請轉飭照簽以完手續等語此事究係若何情形仰據實電復外

收廣東特派員電　中華民國七年六月十日協字第一千七百三十三號

外交部鈞鑒特別四月十八日電五月二十一日奉悉查收管粵德華銀行概由中國銀行及專員經理前以推造賬目似無由誠簽名必要故未照辦現該行已停業總無副經理及專員均不在省無從商辦謹先電復並請示遵特派廣東交涉員羅誠呈感省署代印

收德華銀行總清理處函一件 民國七年六月十九日 第六千三百二十四號 盈字

逕啟者前據廣州德華清理處電稱交涉員不肯將全副帳單簽字僅允將結至八月十七日之現金帳單簽字請即電示遵辦等語當經本總處於本年四月十一日總字第三二二號函請

貴部電飭廣州交涉員會同簽字在案茲復據該處函稱羅交涉員以帳目煩難覆核無可負責為辭仍懇商請外交部飭令交涉員照簽等因查本總處前所頒行之清理德華銀行辦法曾送經

貴部及財政部核定其第一條云清理德華銀行事宜由德華銀行總清理處商承外交部財政部督飭

各清理處會同交涉員及地方行政官廳辦理今接
收德華銀行之帳單統計表既由清理處造具按照
辦法所定自應由交涉員及地方行政官廳覆核簽
字以為證明而完手續而該交涉員竟以難於覆核
無可負責為辭現在該清理處自接收德華銀行之
後應行清理各事急待進行而因表單手續未完均
致延擱且各處交涉員均已照章簽字惟廣州一處
未肯照辦用再函請
貴部即希電飭廣州交涉員速予覆核一律簽字並
希見復為荷此致

發廣州特派員電

民國七年六月二十四日　協字第一千七百三十三號

感電悉又准德華總清理處函稱據廣州分處來函交涉員以賬目頗難覆核無可負責為詞查接收該行之賬單統計表既由該處造具按照原定辦法應由交涉員及地方官覆核簽字各處均已照辦希電飭速予覆核簽字並據稱主要賬簿未據該行大班繳出此項全副賬單係由彙錄而成業經該分處聲明在案等因仰設法核明辦理並復外交部

(二)德華存款及敵人請提存款

文別	事由	收發日期	原編號數	附記
收財政部函一件	抄致廣東督軍省長電德華行款三十餘萬備抵存款請勿提由	六年八月三十日	月字一千五百七十二號	附抄電一件
發廣東特派員訓令一件	德與人請提德華存款辦理手續由	六年十月三十日	力字二〇九三號	
發廣東特派員訓令一件	抄送清理德華銀行暨敵人請提月費各辦法由	六年十二月二日	力字二一四〇號	
收廣東特派員電一件	德俘請領德華存款如何辦理由	六年十二月三十日	字號	
發德華銀行總清理處公函一件	日本德俘域擎請提德華粵行存款事由	七年一月八日	協字三十九號	
發和員使函一件	日本德俘所存德華款項希飭和領迅商交涉員辦理由	七年一月十二日	協字八十一號	
收德華銀行總清理處函一件	日本德俘請領德華存款事已飭廣州清理處與特派員會商辦理由	七年一月十四日	盈字四百三十號	
發特派廣東湖北山東交涉員訓令一件	日本德俘所存德華欵項事由	七年一月十四日	協字一〇四號	
發廣東特派員快郵電一件	德俘域擎請提存款事由	七年一月二十三日	協字二〇四號	
收廣東特派員電一件	德國救濟會請提存款事由	七年一月八日	字號	

發德華銀行總清理處公函	一件	粵行所存德救濟會款項應否准予提用希核辦見復 由	七年一月十日 協字七十號
收德華銀行總清理處函	一件	德國戰時救濟會日請領德華存款事已令廣州清理處照給 由	七年一月十四日 盈字四百二十九號
發廣東特派員快郵電	一件	德救濟會請提存款應照准 由	七年一月廿三日 協字二〇三號
	一件	由	年 月 日 字 號
	一件	由	年 月 日 字 號
	一件	由	年 月 日 字 號
	一件	由	年 月 日 字 號
	一件	由	年 月 日 字 號
	一件	由	年 月 日 字 號
	一件	由	年 月 日 字 號
	一件	由	年 月 日 字 號

收財政部函

民國六年八月三十日　月字第一千五百七十二號

逕啟者本部會同

貴部致廣東督軍省長一電除拍發外相應抄錄原

稿函請

查照備案此致

附抄電

致廣東督軍省長電

廣東督軍省長鑒華密德華款三十餘萬係備抵該行存款之用萬不可提事關外交萬望慎重外交部財政部艷

發廣東特派員訓令民國六年十月三十日 力字第二〇九三號

德奧人請提德華存款辦理手續

原文見上海德華案

發廣東特派員訓令民國六年十月二日 力字第二一四〇號

抄送清理德華銀行暨敵人請提月費各辦法

原文見天津德華案

收廣東特派員電

民國六年十二月三十日　協字第三十九號

外交部

特別准德華粤行清理處接駐滬和領函稱據稟日本德俘域拏請發還德華銀行存款三百六十餘元等由應按同訴訟領費辦法第四條解釋會同清理處商辦惟第二款所列各事項德俘遠在日本無從查悉但域拏身為俘虜困苦可知且存款無多可否全數發給以資救濟抑應如何辦理請示遵辦外交部特派廣東交涉員羅誠呈省署代印二十九日

發德華銀行總清理處公函

民國七年一月八日　協字第三十九號

逕啟者據廣東特派員電稱准德華粵行清理處接駐滬和領函日本德僑域拏有德華存款三百六十餘元請予發還等因應按領費辦法第四條解釋會同清理處商辦惟第二款所列各事項德僑遠在日本無從查悉但域拏身為僑虜困苦可知且存款無多可否全數發給以資救濟抑應如何辦理請示遵辦等因該德僑所存款項為數無多應否准予全數一次領用抑仍須按照領費辦法分期准領之處相應函達

貴處查照核辦并見復可也此致

發致和貝使函

民國七年一月十一日　協字第八十一號

逕啓者上年十月間准

貴館卓通譯稱青島戰事時日本所獲德僑有存款在各處德華銀行者可否准其按月提取若干等因業經本部函達德華銀行總清理處查明辦理去後茲據復稱前項德僑所存德華款項除北京德華銀行無賬可查外所有漢魯粤三處日本德僑存款姓名數目據各該清理分處報告彙錄清單函請轉知和國公使飭由和領逕向該處交涉員接洽會同清理分處核辦又據直隸交涉員呈賫津清理處所送前項德僑姓名及存付款項數目清單各等因查前

項德停存款該總清理處請由當地和領逕商交涉
員核辦係為手續上便利起見除關於津行部分德
停存款業據核付並由部分飭各該處交涉員遵照
外相應抄錄原送清單共四分函達
貴公使查照希分別備案飭遵可也順頌
日祉

收德華銀行總清理處函　民國七年一月十四日　盈字第四百三十號

逕啟者接准
貴部和字第八號函開據廣東特派員電稱准德華
粵行清理處接駐滬和領函日本德僑域夆有德華
存款三百六十餘元請予發還等因應按領費辦法
第四條解釋會同清理處商辦惟第二款所列各事
項德僑遠在日本無從查悉但域夆身為僑虜困苦
可知且存款無多可否全數發給以資救濟抑應如
何辦理請示遵辦等因該德僑所存款項為數無多
應否准予全數一次領用抑仍須按照領費辦法分
期准領之處相應函達貴處查照核辦並見復等因

准此查此案前據廣州清理處來函並附抄駐滬和
領來函連同日本德俘Hermannegener請提存款書一
件請示辦理據該德俘稱在廣州德華銀行存洋三
百六十八元四角三分正茲擬提取日金洋一百元
正又自明年一月一日起每月提取日金洋叁拾元
正此項提款係作為日用及外科醫治之費等語當
經本總清理處函飭廣州清理處按照領費辦法第
四款解釋會商廣州特派員如果意見相同即予照
准給領以後彙案具報茲准前因相應函復
貴部希即轉知廣州特派員逕與粵清理處商辦可
也此致

發特派廣東湖北山東交涉員訓令

外交部訓令

民國七年一月十四日
協字第一百零四號

令特派廣東湖北山東交涉員

前准和貝使派員來部面稱青島戰事時日本所獲德僑有存款在各處德華銀行者可否准其按月提取若干等因經本部函達德華銀行總清理處查明辦理去後茲據復稱所有漢魯粵三處日本德僑存款姓名數目業據各該清理分處調查明晰擬請轉知和使飭由和領逕商該處交涉員會同清理處核辦等因除據函和使並分令外合即令仰該特派員遵照俟和領向該員提議時即可按照敵國人請領

月費辦法會同清理處酌核辦理並呈復本部可也

此令

發致廣東特派員快郵電

民國七年一月二十三日
協字第二百零四號

德俘域拏請提存款事電悉經詢據總清理處稱該德俘原請將存款分期提用已飭粵處商辦等因此項存款可准分期提用仰即會同粵清理處辦理外

收廣東特派員電

民國七年一月八日
協字第七十號

外交部

特別接和領函稱德國戰既(照原文)救濟會係慈善性質有款一千二百一十二元零七仙向存廣東要求發還以資救濟等由查與敵國人領費辦法第九條相同經與德華銀行清理處商明應否給還乞電示祗遵

外交部特派廣東交涉員羅誠七日呈肴署代印

發德華銀行總清理處公函

民國七年一月十日
協字第七十號

逕啟者據廣東特派員電准和領函稱德國戰時救濟會係慈善性質有款一千二百十二元零七仙向存廣東要求發還以資救濟等語查與敵國人領費辦法第九條相同與德華銀行清理處商明應否給還乞電示遵等因前項德國戰時救濟會存款據稱係為慈善事業之用應否准予提用之處相應函達貴處查照核辦并見復可也專致

收德華銀行總清理處函

逕啟者接准

民國七年一月十四日
盈字第四百二十九號

貴部和字第十八號函開據廣東特派員電准和領
函稱德國戰時救濟會係慈善性質有款一千二百
十二元零七仙向存廣東要求發還以資救濟等語
查與敵國人領費辦法第九條相同與德華銀行清
理處商明應否給還乞電示遵等因前項德國戰時
救濟會存款據稱係為慈善事業之用應否准予提
用之處相應函達貴處查照核辦并見復等因查德
國戰時救濟會存款前經廣州清理處函稱該會實
為慈善而設業經函令照准給領相應函復

貴部查照此致

發致廣東特派員快郵電

民國七年一月二十三日
協字第二百零三號

七日電悉德救濟會請提德華存款應照准外

(三) 德華房租糾葛

列字	由	收發日期	原編號數	附記
收德華銀行總清理處函一件	廣州德華行房租事希轉詢並覆由	六年十月十三日	月字三千三百十號	
一件	由	年 月 日	字 號	
一件	由	年 月 日	字 號	
一件	由	年 月 日	字 號	
一件	由	年 月 日	字 號	
一件	由	年 月 日	字 號	
一件	由	年 月 日	字 號	
一件	由	年 月 日	字 號	
一件	由	年 月 日	字 號	

一件　　由　年月日　字　號
一件　　由　年月日　字　號
一件　　由　年月日　字　號
一件　　由　年月日　字　號
一件　　由　年月日　字　號
一件　　由　年月日　字　號
一件　　由　年月日　字　號
一件　　由　年月日　字　號
一件　　由　年月日　字　號
一件　　由　年月日　字　號
一件　　由　年月日　字　號

收德華銀行總清理處函

民國六年十月十三日
月字第三千三百七十號

逕啟者案據廣州德華銀行清理處電稱德商瑞記洋行函索九月份德華銀行房租五百五十元查此屋屬英商安利抑屬德商瑞記尚多疑點惟該租項向交瑞記應否照交迄示等因前來當經本處覆電令其查明確係英商方可交租否則不交等語去後茲復據該清理處函稱詢諸英總領事尚難確定想以安利瑞記向本合資貿易惟自英德宣戰遂不得不強為劃分但對於不動産其勢難以割裂此屋如何糾葛應請轉詢英公使署或能得其真際現將屋租另款存儲尚迄速為詢示以便遵辦等因據此用

特函請貴部轉向英使署詢明廣州德華銀行房東
究係何國之人並乞查核賜覆為荷此致

（四）和領滙歎德人

文別	事由	收發日期	原編號數	附記
收和員使照會一件	廣州中國銀行和留德人滙欵事由	七年四月十五日	盈字三千七百八十一號	
發德華銀行總清理處函一件	廣州和領滙欵德人事希查明見復由	七年四月二十六日	協字一〇九九號	
收德華銀行總清理處函一件	覆瓊州德領署大馮託中行向廣州和領署領欵事由	七年五月一日	盈字四千五百四號	
一件	由	年月日	字號	
一件	由	年月日	字號	
一件	由	年月日	字號	
一件	由	年月日	字號	
一件	由	年月日	字號	
一件	由	年月日	字號	
一件	由	年月日	字號	

一件　由　年　月　日　字　號
一件　由　年　月　日　字　號
一件　由　年　月　日　字　號
一件　由　年　月　日　字　號
一件　由　年　月　日　字　號
一件　由　年　月　日　字　號
一件　由　年　月　日　字　號
一件　由　年　月　日　字　號
一件　由　年　月　日　字　號
一件　由　年　月　日　字　號
一件　由　年　月　日　字　號

收和貝使照會

民國七年四月十五日
盈字第三千七百八十一號

為照會事查得本年一月二日駐廣州和國領事將萬國寶通銀行滙票一紙計洋一千零三十三元六角九分交廣東中國銀行轉滙至海口德國人兑收不意中國銀行並未照辦如有別項情形亦應將原票送還和國領事方為合理而中國銀行竟自不然乃扣留此項滙票藉清理德華銀行之名竟以此項款項抵還該德人在德華銀行欠款查外國領事將款項託交中國銀行而該銀行藉詞領款人欠德華銀行之款擅將款項扣留此等舉動殊不合法已由駐廣東和國領事函知特派交涉員迄今尚無

結果中國銀行亦未將此款還給和國領事應請貴總長轉行設法從速取消中國銀行此等擅舉其款項或轉交和國領事或逕交該德人查收為荷相應照會貴總長查照可也須至照會者

發致德華銀行總清理處公函

民國七年四月二十六日
協字第一千零九十九號

逕啓者准和貝使照會以本年一月二日駐廣州和國領事將萬國寶通銀行滙票一紙計洋一千零三十三元六角九分交廣東中國銀行轉滙至海口德人Pallöff兌收不意中國銀行並未照辦如有別項情形亦應將原票送還和國領事方為合理而中國銀行竟自不然乃扣留此項滙票藉清理德華銀行之名竟以此項款項抵還該德人在德華銀行欠款查外國領事將款項託交中國銀行而該銀行藉詞領款人欠德華銀行之款擅將款項扣留此等舉動殊不合法已由駐廣東和國領事函知特派交涉

員迄今尚無結果中國銀行亦未將此款還給和國
領事請轉行從速取消中國銀行此等擅舉其款項
或轉交和國領事或逕交該德人查收為荷等因查
前項滙款既由和領託滙若因收款人債務關係不
待取得收款人同意遽予扣抵似非正當辦法惟實
情究係如何本部無從懸揣相應函達貴處查明見
復以憑核辦可也此致

收德華銀行總清理處函

民國七年五月一日
盈字第四千五百四號

逕啓者頃准

貴部函稱准和貝使照會以本年一月二日駐廣州和國領事將萬國寶通銀行滙票一紙計洋一千零三十三元六角九分交廣東中國銀行轉滙至海口德人兑收不意中國銀行並未照辦如有別項情形亦應將原票送還和國領事方為合理而中國銀行竟自不然乃扣留此項滙票藉清理德華銀行之名竟以此項款項抵還該德人在德華銀行欠款查外國領事將款項託交中國銀行而該銀行藉詞領款人欠德華銀行之款擅將款項扣留此

等舉動殊不合法已由駐廣東和國領事函知特派交涉員迄今尚無結果中國銀行亦未將此款還給和國領事請轉行從速取銷中國銀行此等擅舉其款項或轉交和國領事或逕交該德人查收為荷等因查前項滙款既由和領託滙若因收款人債務閑係不待取得收款人同意遽予扣抵似非正當辦法惟實情究係如何本部無從懸揣相應函達貴處查明見復以憑核辦等因查本年一月十六日據廣州德華銀行清理處函稱瓊州德領事署大寫 Pohl[illegible] 託由瓊州中行分號轉託粵中行向廣州和領事署代領西紙一千零三十三元六角七分當經粵中行

如數領出暫為代存查該德人Pohlstoff前與廣州德
華行有款往来曾透支西紙一千三百零三元六角
一分現粤中行適有代收該户之款擬即全数扣留
先行撥還可否之處尚祈察奪示遵等語當經本總
處函復以該德人雖欠有德華款項然與粤中行無
涉此次轉託中行領款若即扣留撥還欠款未免関
係中行信用且和領聞知必出而干預此種辦法殊未
妥現在該德人所領款項既係暫存中行可先由粤
清理處函催該德人速即歸還欠款倘渠不即清還
再行函告渠有現款存在中行請其函知中行即將
此款撥還前欠似較妥善等語去後迄今數月粤清

理處是否遵照去函辦理未據報告無從知悉茲准
前因是本總處早料及此除函飭粵清理處速將該
款退還外相應函復貴部查照可也此致

（五）敵僑透支鉅欵

文	別	事由	收發日期	原編號數	附記
收廣東省長電	一件	辦理敵僑欠欵事由	八年二月十七日	字號	
發內務財政部咨	一件	粤省敵僑曾透支德華鉅欵應否遣送希核復由	八年二月二十日	平字四九三號	
收財政部咨	一件	德僑透支德華銀行三十餘萬元無力清繳仍應遣送回國并附擬三項辦法請查核備案由	八年二月二十五日	辰字二千七十一號	附抄電一件
	一件	由	年月日	字號	
	一件	由	年月日	字號	
	一件	由	年月日	字號	
	一件	由	年月日	字號	
	一件	由	年月日	字號	
	一件	由	年月日	字號	
	一件	由	年月日	字號	

一件　由　年　月　日　字　號

一件　由　年　月　日　字　號

一件　由　年　月　日　字　號

一件　由　年　月　日　字　號

一件　由　年　月　日　字　號

一件　由　年　月　日　字　號

一件　由　年　月　日　字　號

一件　由　年　月　日　字　號

一件　由　年　月　日　字　號

一件　由　年　月　日　字　號

一件　由　年　月　日　字　號

收廣東省長電

民國八年二月十七日
平字第四百九十三號

財政部內務部外交部鑒粵省遣送敵僑回國經照送電辦法飭屬慎重辦理查有德商二十餘名曾透支過德華銀行三十餘萬元經電總清理處電粵清理處設法追償現正飭以代理資格提向法庭訴追惟該德商多因絕交失業生計困難支款度活係在我未接收德行以前之事現各德人衣食不給須我救濟所欠鉅款監追恐亦無力清繳不悉別省對此案件作何辦理及所有支過德行款項之敵僑應否先遣回國另案向該敵國政府追償抑或仍俟清欠再行遣送請迅核明電示方針以憑照辦停案以待

盼速爲禱翟汪叩删

民國八月二月二十日
平字第四百九十三號

發財政內務部咨

外交部為咨行事准廣東省長電稱粵省遣送敵僑回國經照迭電辦法飭屬辦理查有德商二十餘名曾透支德華銀行三十餘萬元應否先遣回國另案向該敵國政府追償抑或仍俟清欠再行遣送請迅核明電示等因查前項敵僑據原電稱現已衣食不給須我救濟所有上項欠款自必無力清償究應如何辦理除原電業已分致不另抄送並分咨財政內務部外相應咨行

貴部查照核辦並見復可也此咨

收財政部咨

民國八年二月二十五日
長字第二千七十一號

財政部為咨復事廣東省長電稱德僑透支德華銀行三十餘萬元無力清繳現在應否遣送回國一案當經本部酌核仍以遣送為上并附擬三項辦法一所有動產不動產及一切使用之器用等不得移轉他人應由德華銀行清理處接收變賣二如無以上可以變賣之物件應由敵僑與原有經理將債款數目雙方簽明字據存行備查三如有經手人或保家應負賠償責任者仍令賠償等因函商管理敵國人民財產事務局去後准該局復稱查管理敵國人民財產條例第六條載敵國人民或商店工場因債務

關係必須清理其財產時得由管理敵國人民財產事務局清理其財產又本年一月二十六日內務部通電凡回國各敵僑擬將既經使用之物品賣出者可予特准但發現有可疑情形時仍當報局核辦又本年二月十二日本局通電敵僑賣出物品認為可疑者如債務關係等類均在可疑範圍之內各等語德僑透支德華銀行款項無力清繳在未起程以前自應援照本局本年二月十二日通電辦理該德僑所有一切產業及使用之器具等均不許賣出仍由地方官廳接收接收後若有人對於該遺留財產主張債權自可依照管理敵國人民財產條例第六條

之規定辦理如照大部所擬辦法均由德華銀行清理分處接收變賣萬一日後再有其他債權者主張權利必致無所取償至第三項經手人及保家應負賠償責任自應依照契約或銀行章程辦理不因該僑回國稍有更變等因前來正在核辦間接准貴部咨同前因請部核定辦法本部復復查按照條例自應由地方官接收保管惟德華銀行開辦清理之時在條例公布以前所有敵人財產有因債務關係者均由清理處接收變賣寔因有特別關係若適用條例由地方官接收諸多窒礙故擬仍照向來辦法辦理至清理處變賣財產之時當然登有廣告如果他人

尚有主張債權者或提起訴訟或向管理敵國人民財產事務局請求清理時該清理處自應依照條例與管理敵國人民財產事務局會商辦理除由部將原擬三項辦法電復廣東省長轉飭遵辦外相應鈔明電底咨請貴部查核備案可也此咨

附復廣東電底一件

抄致廣東省長電 八年十二月二十二日發

廣州翟省長鑒并請轉德華銀行清理處删電并處置均悉敵僑透支銀行欵項一案現在遣送敵僑已由中央決定難以再留唯未出境以前應照下列辦法辦理一所有動產不動產及一切使用之器具等不得移轉他人應由德華銀行清理處接收變賣二如無以上可以變賣之物件應由敵僑與原有經理將債欵數目雙方簽明字據存行備查三如有經手人或保家應負賠償責任者仍令賠償希即照辦為盼財政部養

(六) 德領寄存德華物件

文

文	數	由	收發日期	原編號數	附記
收和歐使函	一件	廣州德領留存德華銀行物品請交和領收存	八年十月十八日	宿字四二六號	
發管理特種財產事務局函	一件	前駐廣州德領存留德華銀行物件和使請交駐廣州和領收管希辦理見復	八年十月二十三日	平字三二九三號	
收管理特種財產事務局呈	一件	廣州德領物件交與駐廣州和領事分行廣東督軍等查照辦理	八年十一月一日	宿字四千九百廿九號	
收管理特種財產事務局呈	一件	廣州德領寄存德華銀行物件已轉行辦理	八年十一月五日	宿字五千四百四十一號	
	一件	由	年月日	字號	
	一件	由	年月日	字號	
	一件	由	年月日	字號	
	一件	由	年月日	字號	
	一件	由	年月日	字號	
	一件	由	年月日	字號	

一件　由　年　月　日　字　號
一件　由　年　月　日　字　號
一件　由　年　月　日　字　號
一件　由　年　月　日　字　號
一件　由　年　月　日　字　號
一件　由　年　月　日　字　號
一件　由　年　月　日　字　號
一件　由　年　月　日　字　號
一件　由　年　月　日　字　號
一件　由　年　月　日　字　號
一件　由　年　月　日　字　號

收和歐使函　民國八年十月十八日　宿四四二六號

廣州德領留存德華銀行物品請交和領收存

原文存管理敵僑案

發管理特種財產事務局呈民國八年十月二十二日平三二九三號

前駐廣州德領、存留德華銀行物件和使請交駐廣州

和領收管希辦理見復

原文見管理敵產案

收管理特種財產事務局呈民國八年十一月一日　宿字第四千九百七十九號

為呈復事案奉大部函開案准和使函稱前次請將廣州德領物件交與駐廣和領一事茲該使又以德領函稱尚有股票各件亦曾存留廣州德華銀行內請一併轉交和領收存等語相應函達查照辦理等因查和使前稱廣州德領留存領署傢具等件和使請交由和領保存一節前奉函開當由本局行知廣東督軍省長查照辦理並呈復大部各在案茲奉前因正核辦間復准廣東督軍署函稱准局函開准外交部函開和使函稱前駐廣州德領留存德領署傢具等件請交由和領保存一案函請查照辦理並希

見復到署准此此案業由本署轉致軍政府管理特種財產事務局查照辦理矣相應函復查照等因到局除和使函開德領函達尚有存留廣東德華銀行股票各件請併交和領收存一節即由本局分行廣東督軍省長暨德華銀行清理處請予查照辦理外理合呈復大部鑒核備案此呈

收管理特種財產事務局呈

民國八年十二月五日

宿字第六千四百四十一號

為呈復事前奉大部函開案准和貝使函稱前次請將廣州德領物件交與駐廣和領一事茲該使又以德領函稱尚有股票各件亦曾存留廣州德華銀行內請一併轉交和領收存等語相應函達查照辦理等因查和使前稱廣州德領留存領署傢具等件和使請交由和領保存一節當由本局行知廣東督軍省長查照辦理去後旋准廣東督軍署函稱傢具交付案業由本署轉致軍政府管理特種財產事務局查照辦理矣相應函復查照等因到局並呈復大部在案茲復准廣東督軍署函稱前准函開將廣州德

領物件交與駐廣和領一事業由本署轉行查照辦
理茲又接函稱尚有德領股票各件曾存廣州德華
銀行請一併轉交和領收存等因除轉送軍政府管
理特種財產事務局核辦外相應函復查照等因准
此理合呈復大部鑒核備案此呈

清理濟南德華銀行案

國民政府接收前外交部案卷

商三第三六九號

清理濟南德華銀行案

中華民國六年八月起
中華民國七年十月止

抄檔一冊

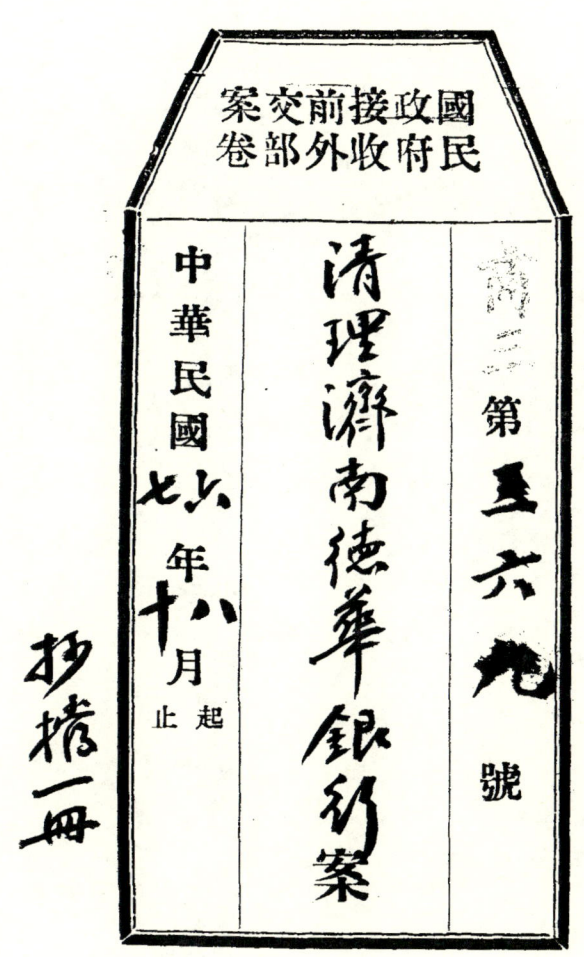

字 · 號

清理濟南德華銀行案

抄稿 一

通商 司廳 榷算 科 門 類原 司股

共收文 十八 件 共發文 十七 件 附件 件 計 封 件

備 頁

送 司廳

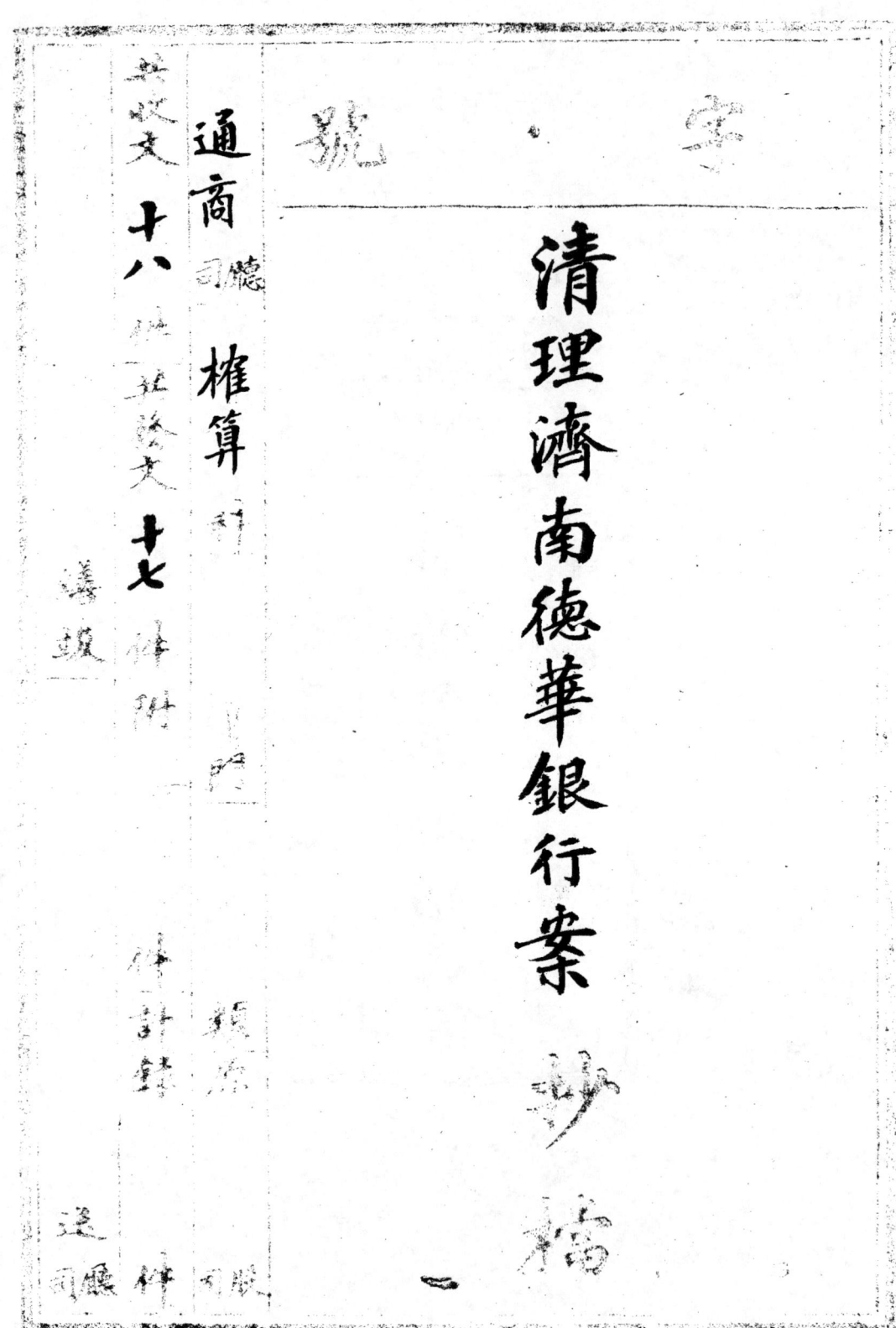

總目錄

清理濟南德華銀行案

㈠ 押收濟南德華銀行案

發濟南交涉員電　郵寄處置德華銀行方法印件　六　八　十四　力　一二七二

收山東特派員電　押收德華銀行事英領謂未奉英使令　六　八　十四

發山東特派員電　德華銀行即會同中國銀行前往封閉無庸領團接洽　六　八　十四　力　一六五

收山東特派員電　接收德華行如何辦理　六　八　十六

收山東特派員電　處置德華銀行事　六　八　十七

發濟南交涉員電 民國六年八月十四日 力字第一三七二號

郵寄處置德華銀行方法印件

原文見上海德華案

收山東特派員電 六年八月十四日

外交部鈞鑒十碼押收德華銀行并由英領事派警看門各節頃詢該領并未奉到英使命令事關通案為時緊迫未便歧緩乞查詢速電遵辦柯三叩十四日印

發山東特派員電　六年八月十四日力字第一三八五號

昨電係發滬粵因電多誤發到濟濟南德華行非在租界內應即會同中國銀行委員前往封閉無庸傾團接洽外交部

收山東特派員電 六年八月十六日

外交部鈞鑒十碼扣存敵國人民銀行存款一節對於全省教堂存款於錢鋪者是否一律辦理此項存款人有因生活所需請支款項可否由地方官就近核准抑仍須報部候復乞速電復柯三叩十六日二印

收山東特派員電　六年八月十七日

外交部鈞鑒十碼處理德華銀行事本署遵奉電令已於本月十五日會同財政廳暨中國銀行委員前往查封計存現洋一萬四千一百九十八元八角二分濟平銀一千四百七十九兩四錢八分德幣三百十五馬克鋼幣四萬一千七百二十七元八角五分四簿籍賬據文卷等及所有不動產一併押收至該行傢具器物現正查點惟該行行員德人是否仍准其在行居住抑令退出並該行房屋應歸何機關担負保管之責統祈迅電示遵柯三叩十七日

㈡德人提款案

收即墨德教會函	一件	請提德華存款事	六 九 十八 月 二十三頁見十六
發山東特派員電	一件	即墨德教會請提德華存款應酌予准提	六 九 十九 力 一六五〇
收德華銀行總清理處函	一件	即墨柏林教會前曾否准其在行提款請查明見復	六 九 二十二 月 二十五頁見十二
發德華銀行總清理處公函	一件	即墨柏林教會請提德華存款事	六 九 二十六 力 一七一二
收德華銀行總清理處函	一件	德華濟行所存德人救濟金一款應否准撥請核復	六 九 二十六 月 二千七百
發德華銀行總清理處公函	一件	德華濟行所存德人救濟金應准照撥	六 十 一 力 一七七二
收山東特派員呈	一件	山東鉄路公司管理局請提德華存款事	六 十 十九 月 三千六百六 附件
發德華銀行總清理處公函	一件	德國山東鉄路公司管理局請提德華存款事希核辦見復	六 十 二十五 力 二〇五六
收德華銀行總清理處函	一件	德國山東鉄路公司提款事碍難照准	六 十 二十七 月 三千八百八十二
發山東特派員指令	一件	德國鉄路公司請提存款碍難照准	六 十一 二 力 二二四一

收和貝使函	德國公司及慈善會在德華行存款請設法准其提用	七	一	二十一	盈	七百四十八
發德華銀行總清理處公函	山東鉄路公司及慈善會存款應否准提希核复	七	一	二十九	協	二六四
收德華銀行總清理處函	山東鉄路公司領款礙難照准惟漢口德國慈善會提款可照准	七	一	三十一	盈	一千百三十九
發和貝使函	山東鉄路公司暨漢口慈善會請提存款事應分別辦理	七	二	二十一	協	四九二
收山東交涉員呈	碭山縣敵僑谷約翰請領濟行存款經依法查明照准提用鈔錄原單請鑒察	七	三	二十一	盈	二千九百七十七 附件
發濟南特派員訓令	德奧人請提德華存款辦理手續	六	十	二十	力	二〇九三
發山東特派員訓令	抄送清理德華銀行暨敵人請提月費各辦法	六	十二	二	力	二一四〇
發山東特派員訓令	日本德俘所存德華款項可照敵人請領月費辦理	七	一	十四	協	一〇四

收即墨德教會函

六年九月十八日月字第二千三百九十六號

外交總長大人文覽敬啟者山東即墨縣柏林教會設有十五年餘 敝應用度日並教堂學堂甚多其中傳道教員之束金及教堂學堂之房價等等應用之款俱係 敝國老教會捐助但老教會將此款項付於濟南府德華銀行存留使 敝按每月所應用都自德華支取自 貴國與 敝國絕交後此款仍存於德華銀行之中因 敝聞聽 貴國與 敝國即實行開戰貴國政府亦不阻教會傳道之事 敝聞此感戴大德不勝歡喜謝謝貴國政府之美意陽歷八月十四號貴國與 敝國開戰此時德華銀行被貴國政府查封 敝應用

款項即不得支取但 敝再無別錢甚難度日即傳道
教員人等亦難度日因此 敝函達荷國公使荷國公
使回函云已與大人議允凡係德人存於德華銀行
之錢項都准按其應用之數目隨時支取度日 敝接
到此信之後即寫信於德華銀行支取錢項德華銀
行仍然不准支取為此仰祈大人准 敝將所存於德
華銀行之錢都支取出來並請大人通知濟南府督
郡大人示知現在經理德華銀行之先生能將 敝在
德華銀行所有之錢准 敝隨時支取度日則 敝與教
會傳道教員等感德無極矣亦祈大人速示回音因
敝手中無錢度日甚難專此上達伏維 玉照順頌政安

發山東特派員電　六年九月十九日力字第一六五〇號

即墨栢林教會穆愛道來函請提德華存款仰即查

德華濟行有無該項存款如確有帳據應按其日用

所需酌准提用並電復外交部

收德華銀行總清理處函 六年九月二十三日月字第二千五百九十三號

逕啟者頃據濟南德華銀行清理處電稱准
交涉署函奉
貴部電即墨柏林教會穆愛道函請提取存款部允
酌提祈電示等因查該教會存款是否業經
貴部准其酌提用特函請
查明見復為荷再以後遇有此項核准之案并希
隨時函知此致
外交部

發德華銀行總清理處函 民國六年九月二十六日力字第一七一二號

逕復者接准

來函以據濟南德華銀行清理處電稱即墨柏林教會請提存款部允酌提祈電示等語該教會存款是否業經貴部准其酌提查明見復等因查此案前據即墨柏林教會牧師穆愛道來函請提德華存款經本部以應查明德華濟行有無該項存款如確有賬據可按其日用所需酌准提用等語電令山東特派員遵照辦理在案准詢前因相應函復

貴處查照可也此致

收德華銀行總清理處函 民國六年九月二十六日月字第二千七百號

逕啟者案據濟南德華銀行清理處辦事員聲稱轉據德人洛克函稱濟南德華銀行帳內有德人救濟金一項計英洋七百六十元四角五分此款係任居濟南德人所捐集專為接濟德國窮民及被拘於西伯利亞等處德人之用應請將此款撥交~~西~~希利士方達會董事等因據此查此款既係為慈善事業之用就人道主義言似不應因係敵國人遽行膜視應否照准撥交之處用特函請

貴部核定賜復為盼此致

外交部

發德華銀行總清理處函 民國六年十月一日力字第一七七二號

逕復者接准

來函以轉據德人洛克稱濟南德華銀行帳內有德人救濟金一項係為接濟德國窮民及被拘於西伯利亞等處德人之用請撥交布利士方達會董士等語應否准撥請核復等因本部查前項德人救濟金七百六十元四角五分一款既係用於慈善事業自可准予照撥相應函復

貴處查照辦理可也此致

收山東特派員呈 民國六年十月十九日月字第三千六百六號

為呈請示遵事案准駐滬和國總領事雷斯函開據德國現駐上海之山東鐵路公司管理局呈稱自千九百十四年該公司在山東所有之路鑛為日本政府押收後其管理局即遷來上海因須支付該局人員薪工其柏林之董事部曾與濟南德華銀行銀錢往來以接濟該局故該局現有存款洋一千一百六十九元一角七分現該局需款孔亟擬向該銀行提取呈請轉致前來用特函致貴特派員即祈照准為荷其該局應付各項人員姓名數目以西文歷表附呈即祈查照等因附表一紙到本兼任特派員准此查

前奉
電令如敵國存款人有因生活所需呈請分期支付
者應將數目暨其人口開明報部核復等因今該公
司開單請領之款僅言支付該局人員薪工對於前
節並未詳切聲明可否照准之處理合繕具表件備
文呈請
鈞部俯賜察核迅示施行謹呈
外交部

兼任山東交涉員唐柯三

計錄呈數目人名單一件

山東鐵路公司

熙開而	天津	銀洋	三八五・七五
盤克瑞次	天津		二五〇・〇〇
歐瑞柯	天津		六二・五〇
克來波斯	上海醫院		一五〇・〇〇
瓦路開斯路德公司	上海藥房		一八・五五
歐德門	苦路木(日本)	日銀	一〇八・八〇
克利門	同上	日銀	五〇・〇〇
克路治	實助克(日本)	日銀	七五・五〇
布路治	岳他(日本)	日銀	二〇・〇〇
倚廷治	同上	日銀	二〇・〇〇

葛來木斯克	同上	日銀二、〇〇
自克	尼鬧賓馬(日本)	日銀八、〇〇
林德乃	同上	日銀七、六六
斯盧提	岳他(日本)	日銀三六、七五
哀吞白柯	同上	日銀一〇九、一六
斯窑提	同上	日銀三五、〇〇
白斯池	同上	日銀四二、五〇
偉德門	同上	日銀八五、〇〇

發德華銀行總清理處 民國六年十月二十五日力字第二〇五六號

外交部公函

逕啟者據山東特派員呈稱准駐滬和總領事函開德國山東鐵路公司自千九百十四年該公司在山東所有之路鑛為日本政府押收後其管理局即遷來上海因須支付該局人員薪工其柏林之董事部曾與濟南德華銀行銀錢往來以接濟該局故該局現有存款洋一千一百六十九元一角七分現該局需款孔亟擬向該銀行提取列表附呈即布照准等語可否照准呈請察核等因並將原送數目人名單一紙附送前來查現駐上海之德國山東鐵路公司

管理局擬提前項存款撥稱為發給薪工之用應否

照准相應抄錄前項數目人名單函達

貴處查照酌核辦理並見復可也此致

收德華銀行總清理處函 民國六年十月二十七日月字第三千八百八十三號

逕啟者接准

貴部第二五二號函開據山東特派員呈稱准駐滬

和總領事函開德國山東鐵路公司自千九百十四年該公司在山東所有之路鑛為日本政府押收後其管理局即遷來上海因須支付該局人員薪工其柏林之董事部曾與濟南德華銀行銀錢往來以接濟該局故該局現有存款洋一千一百六十九元一角七分現該局需款孔亟擬向該銀行提取列表附呈即布照准等語可否照准呈請察核等因並將原送數目人名單一紙附送前來查現駐上海之德國

山東鐵路公司管理局擬提前項存款據稱為發給
薪工之用應否照准相應抄錄前項數目人名單函
達貴處查照辦理等因查本總清理處擬定敵國人
請領月費辦法對於敵國人設立之公司洋行存在
德行款項均不准其提用已將該辦法函送
貴部察核茲准前因相應函復
貴部希即轉飭山東交涉員查照辦理此致
外交部

發山東特派員指令 民國六年十一月二日力字第二一四一號

據呈已悉駐滬德國山東鉄路公司管理局請提德華銀行存款一事經本部詢據德華銀行總清理處復稱敵國人設立之公司洋行所存德華款項按照本處所擬敵國人請領月費辦法礙難准其提用等因查該處所擬敵國人請領月費辦法業經本部核准在案茲該鉄路公司管理局請提德華存款核與定章不符自難照准合即令仰該特派員遵照辦理可也此令

收和貝使函 民國七年一月二十一日盈字第七百四十八號

逕啟者德國 Shantung Eisenbahn Gesellschaft 公司在德華銀行上海分行存有洋三千二百四十六元五十二分又在濟南府分行存有洋一千一百六十九元十七分駐滬和國總領事前請發還上開二款該管特派交涉員答復云發還存款辦法僅可僅於私人而不及於公司礙難照准等語查拒絕發還存款及分別待遇私人公司兩項辦法是否正當姑不置議惟 Shantung Eisenbahn Gesellschaft 公司在德華銀行所存款項由一千九百十四年即該公司停止營業之日起即專為發給所聘工人之用該公

司現在欲用上開各款亦為救濟所聘工人最貧者
起見應請
貴總長注意此事諒
貴總長必能費神設法將滬魯所存款項准該公司
提用以資應付再漢口德國慈善會 Hilfsfonds 1914 Hankau
在漢口德華銀行存有洋六千五百八十三元二十
九分並請
貴總長轉行設法發給該會董事員此款均係私人
捐助以資慈善事業並非合股營利者可比查因目
下時局許多德國籍人陷於困難地位急需資助所
有上開存款待用孔亟以上兩節如

貴總長能早日設法准其提用藉以補助上開兩項

用途則感荷殊深此頌

日祉

貝拉斯

發德華銀行總清理處公函 民國七年一月二十九日協字第二六四號

逕啟者准和貝使來函以德國Shantung Eisenbahn Gesellschaft在德華滬行存有洋三千二百四十六元五十二分又在濟行存有洋一千一百六十九元十七分駐滬和國總領事前請發還上開二款該管特派交涉員答以發還存款辦法僅可及於私人而不及於公司礙難照准等語查該公司在德華銀行所存款項由千九百十四年該公司停止營業之日起即專為發給所雇工人之用現在欲用上開各款亦為救濟所雇工人最貧者起見應請設法將滬魯所存款項准該公司提用以資應付再漢口德國慈善

會Hilfsfonds 1914 Han Kau在漢口德華銀行存有洋六千五百八十三元一十九分並請設法發給該董事會員以憑資助陷於困難地位之德人等因查駐滬德國山東鐵路公司所存滬濟兩行款項前由各該處特派員分別呈據和領來函請准予提用各等因到部業經按照請領月費辦法第八款先後指令遵照各在案惟該公司請提前項存款據稱係為發給貧苦工人工資之用應否酌予通融其漢口德國慈善會在漢行所存款項並應否准予提用之處相應

函達

貴處查照分別核辦并見復可也此致

收德華銀行總清理處函 民國七年一月三十一日盈字第一千一百三十九號

逕啟者接准

貴部第六十一號函開准和貝使來函以德國Shantung Eisenbahn Gesellschaft在德華滬行存有洋三千二百四十六元五十二分又在濟行存有洋一千一百六十九元十七分駐滬和國總領事前請發還上開二款該管特派交涉員答以發還存款辦法僅可及於私人而不及於公司礙難照准等語查該公司在德華銀行所存款項由千九百十四年該公司停止營業之日起即專為發給所雇工人之用現在欲用上開各款亦為救濟所雇工人最貧者起見

應請設法將滬魯所存款項准該公司提用以資應付再漢口德國慈善會Hilfsfonds 1914 Han Kan在漢口德華銀行存有洋六千五百八十三元二十九分並請設法發給該董事會員以憑資助臨於困難地位之德人等因查駐滬德國山東鐵路公司所存滬濟兩行款項前由各該處特派員分別呈據和領來函請准予提用各等因到部業經按照請領月費辦法第八條先後指令遵照各在案惟該公司請提前項存款據稱係為發給貧苦工人工資之用應否酌予通融其漢口德國慈善會在漢行所存款項並應否准予提用之處相應函達貴處查照分別核辦

并見復等因查德國山東鐵路公司所存德華滙濟
兩行之款數目尚屬相符惟該鐵路公司係敵國政
府所設機關按照處置德華銀行辦法第二條敵國
政府所存款項應行沒收又敵國人領費辦法第八
條載有敵國人所設立公司洋行之存款不得請領
月費等語此次該鐵路公司請提之款雖為發付貧
窮工人之用惟按諸各項辦法不免抵觸且此端一
開所有敵國公司及洋行必然援以為例德行實無
此項餘款可以應付如何之處尚請
貴部查核酌復和使再查漢口德國慈善會在漢口
德華銀行所存款項數目亦屬相符且係慈善性質

按照請領月費辦法應行發還惟為數太鉅當由本

處函知漢分處會同特派員照章查明後酌定分期

交付相應函復

貴部查照并希見復此致

外交部

發和貝使函　民國七年二月二十二日協字第四九二號

逕復者接准

來函以德國山東鐵路公司在德華滬濟兩行存有款項現擬提取此項存款為發給工人工資之用又漢口德國總善會在德華漢行存有款項並請設法發給等因業經本部函達德華銀行總清理處去後茲據復稱德國山東鐵路公司係敵國政府所設機關按照處置德華銀行辦法第二款之規定應行沒收且查敵人領費辦法第八條載有敵國人所設立公司洋行之存款不得請領等語良以德華所存現款無多准提之款勢難及於公司洋行也茲該鐵路公司

即使認為私人所有亦屬礙難准其提款至漢口德
國慈善會既係慈善事業所存漢行之款應可准予
提用當由本處函知漢分處會同特派員照章查明
後酌定分期交付等因相應據情函復
貴公使查照可也順頌
日祉

收山東兼交涉員呈　民國七年三月二十二日　盈字第二千九百七十七號

案查上年十一月間准江甯交涉員曹豫謙咨稱案據碭山縣知事呈稱據駐碭德人耶蘇堂牧師谷約翰面稱前在山東德華銀行存洋一百五十五元現聞取用此項須由山東交涉員轉飭德華銀行方可發給呈乞轉咨核復轉飭等因本署當以前准上海交涉員函奉外交部指令德僑提取存款應令開明每月必需之數由交涉員核轉經部核准方可照給來呈並未開明每月數目核與部令不符應轉知該牧師將必需之數開報過署再行核咨經指令該知事遵照在案茲據呈復以據谷牧師報稱前項存洋一

百五十五元係其從前向山東德華銀行寄存之款
祇有此數並非每月需款祈鑒核等情前來相應咨
請貴交涉員查核辦理等因到署經即以查清理辦
法總綱第三條內載惟於在該行存有銀兩銀元之
款項之敵國人因生之活之必要得酌量給予日用
必需之費等語今該德人既稱係寄存之款並非每
月所需自不能准其提取惟該德人有無此項存款
應請貴處查明見復以便轉咨等語函請濟南德華
銀行清理分處查照辦理旋准該分處復函以查核
賬簿所載洋文存款戶有E. Kuhlmann存洋一百五十
五元零一分至該戶是否即係谷約翰應請查核轉

咨等語函復前來當以查該牧師洋文名字是否即上列之存户尚難懸臆即為該德人所存既據稱係寄存之款並非日用所需自應遵照清理德華銀行辦法第三條之規定及第九條之限制礙難其准其提取云云咨復該交涉員轉飭遵照在案嗣於本年一月間復准該員咨稱據碭山縣知事查明該洋文存户即係谷約翰其人此項存款係備作教堂兩月所需之用等情咨請核辦前來當查該牧師此項存款若因生活之必要自可照章准其提取倘係備作教堂所需之款雖屬慈善事業之一部應按照敵人請領月費辦法第九條之規定辦理即使請領之款確為

日用所必需亦應遵照該辦法第二條(乙)(丙)(丁)(戊)各款之規定查明屬實方可照准今該牧師所請核與定章手續尚不完備似未便遽與予照准等語咨行去後茲准咨復據該管縣知事遵照敵人請領月費辦法第二條各款查明抄單坿送到本兼署遂即按照該辦法第四條之規定函商清理分處會同酌核與定章相符准予提取彼此意見相同除由分處呈報總處查核並咨復江甯交涉員轉飭遵照依法具領外所有碭山縣敵僑谷約翰請領濟行存款經依法查明照准提用各緣由理合抄錄原單備文呈請

鈞部俯賜鑒察實為公便謹呈

計抄呈清單一件

計開

(乙)該敵國人在中國他銀行有無別項存款

前項查明該敵人谷約翰除此德華銀行一項存款外並無在中國他銀行有別項存款

(丙)該敵國人家族人若干

谷約翰親丁四人又韓姑娘一人共五口

(丁)該敵國人貧富之情形

查未宣戰以前上海教會時有接濟現自宣戰後上海教會不能隨時接濟亟為窘迫是以亟待提用德華銀行存款以資挹注

(戊)該敵國人平日生活之程度

查近因收成歉薄百物昂貴所需不無增加然
察其平日生活程度尚合乎中

力字第二〇九三號

發濟南特派員訓令民國六年十月三十日

德奧人請提德華存款辦理手續

原文見上海德華案

發山東特派員訓令民國六年十二月二日　　　九字第二一四〇號

抄送清理德華銀行暨敵人請提月貴各辦法

原文見直隸德華案

發山東特派員訓令民國七年一月十四日　　協字第一〇四號

日本德俘所存德華欵項可照敵人請領月費辦理

原文見廣州德華案

(三) 德華行員德人柯赫請領月費案

收山東交涉員呈
德華行員日用所需擬月給五十元請核示遵辦
六 十 廿九 月 三千九百五十二

發德華銀行總清理處公函
濟南德行洋人柯赫支薪事希核复
六 十一 一 力 二一二六

收德華銀行總清理處函
柯赫氏請領月費事自應照准希轉飭交涉員查照
六 十一 三 月 四千一百十七

收山東交涉員呈
德人柯赫請領雜費未便擅准乞賜指令
六 十一 廿四 月 四千八百廿七

發山東特派員指令
柯赫請領月費事應照准
七 一 五 協 十二

收山東交涉員呈　民國六年十月二十九日月字第三千九百二十三號

為呈請示遵事案准濟南德華銀行清理分處函稱准德華銀行洋人柯赫 Koch 來信支用雜費及僱役工食等費敝處未敢擅專當即函詢敝總處茲接復函內開查該洋人未經清理處留用其自用之僱役工食雜費應令渠自行清理不能由處支給若該洋人實在無錢使用應遵前部定辦法凡洋行員應得薪水作為存款按其日用所需由交涉員擬定數目呈由外交部核准一面函告本總處復核照給希即查照辦理至此次零款該洋人已經領過幾次統計若干俟將來核定其日用所需按月發款時儘先扣

田可也等因用特專函奉達即祈查照核擬見復以
便函告敝總處至敝總處所詢該洋人零星用款領
過幾次統計若干查祇盧克斯君在濟時支給八十
八元八角一分自盧克斯君回京後敝處並未經手
付過德行洋人用款合併附陳等因到本兼署准此
經即派員前往調查該德人日用所需約月支五十
元准函前因除先函復該分處接洽外理合具文呈請
鈞部鑒核俯賜指令遵辦實為公便謹呈
外交部

兼任特派交涉員唐柯三

發德華銀行總清理處公函 民國六年十一月一日力字第二一一六號

逕啟者據山東特派員呈據濟南德華銀行清理分處函稱德華銀行洋人柯赫 Koch 請支雜費及僱役工食等費經詢准總處復稱其自用之僱役工食雜費應令渠自行清理若該洋人實在無錢使用應遵部定辦法將應得薪水作為存款按其日用所需由交涉員擬定數目呈由外交部核准一面函告本總處復核照給等因希即核擬見復等語經即派員前往調查該德人日用所需約月支五十元請予鑒核令遵等因到部查德奧人請提德華存款辦法業經本部函達

查照在案兹該德人請支貴用按照定章既應將其應得薪水作為存款辦理所有該交涉員拟定按月支給之数應否照准相應函達

貴處查照酌核辦理並見復可也此致

收德華銀行總清理處函 民國六年十一月三日月字第四千一百十七號

逕啟者接准

貴部第二六七號函開據山東特派員呈據濟南德華銀行清理分處函稱德華銀行洋人柯赫請支雜費及僱役工食等費經詢准總處復稱其自用之僱役工食雜費應令渠自行清理若該洋人實在無錢使用應遵部定辦法將應得薪水作為存款按其日用所需由交涉員擬定數目呈由外交部核准一面函告本總處復核照給等因希即核擬見復等語經即派員前往調查該德人日用所需約月支五十元請予鑒核令遵等因到部查德與人請提德

華存款辦法業經本部函達
查照在案茲該德人請支費用按照定章既應將其
應得薪水作為存款辦理所有該交涉員擬定按月
支給之數應否照准相應函達貴處查照酌核辦理
並見覆等因查該洋人柯赫請領月費五十元核與
敵國人請領月費辦法所定限制尚未踰越自應照
准支給但此款即係給與該洋人日用生活必需之
費以後不得藉口作為僱役工食雜費別行請領生
活費用或要求增加數目除函知濟南清理處照辦
外相應函達
貴部即希轉飭交涉員查照可也此致

收山東交涉員呈　民國六年十一月二十四日月字第四千八百二十七號

為呈請事案查本特派交涉員前以德華銀行洋人柯赫 Koch 請領雜費月支五十元具呈請示一案茲准濟南德華銀行清理分處函稱茲接敝總處函開德行洋人柯赫請領月費五十元經交涉員核擬呈部照准發給惟以後不得別行請領或要求增加等因相應函達即祈查照等因到本兼署准此查此案於十月二十六日呈後未奉指令案在此次頒發清理德華銀行辦法及敵人請領月費辦法之前該德人此項費用總清理處既已核明照准發給自應准予支用惟未奉

令知未便擅准茲准前因理合再行呈乞
鈞部俯賜指令以便遵辦實為公便謹呈
外交部
兼任特派交涉員唐柯三

發山東特派員指令 民國七年一月五日協字第十二號

據呈已悉所有德人柯赫請領月費應准如數照給

此令

(四) 拆讓德華市房案

收兼任山東交涉員呈	山東市政公所因修理馬路欲將德華銀行前廈拆去可否之處請會商總清理處核辦並希迅復	七	七	八	昃	三百十一	附件
收德華銀行總清理處函	濟南市政公所因修馬路擬拆本行市房事應如何辦理請核復	七	七	八	昃	七百一	
發德華銀行總清理處公函	函復濟南德華市房因修路須拆讓一事准如所擬辦法辦理	七	七	十四		二二七	
發特派山東交涉員指令	折退德華銀行市房事應照總清理處所擬辦法辦理仰遵照	七	七	十七	協	二五二	
收山東特派員代電	因修馬路擬拆讓德華銀行市房事	七	十	九			
收財政部德華銀行總清理處函	准濟南德華銀行清理處函稱市政公所因修馬路須拆讓該銀行市房事已函飭辦理	七	十	十	昃	三千八百十六	
發特派山東交涉員快郵電	濟南市政公所擬折退德華銀行市房事	七	十	十七	協	三一〇〇	

收兼任山東交涉員呈 民國七年七月八日昃字三百十一號

為呈請會核示遵事案查本年五月間接准濟南德華銀行清理分處函開逕啟者濟南德華銀行有市房一所接連門面六間坐落西関筐市街路西現在市政公所因修理馬路囑將該市場前廈拆去用特專函奉布應如何辦理之處祈酌核見復至需否派員會同往勘並希示知等因 本兼署當即派員會同該分處前往查勘俾資核辦據該員查復聲稱事関地方市政通案如只拆去前廈尚屬可行等語正擬請示間復據山東省會市政公所函稱據本公所測繪員報告德華銀行筐市街市房門面尚應拆退其

南面圍墻至西首應讓足八尺方於路政無碍并繪圖
呈覽等情除將呈圖函送警區查照辦理外相應函
達貴公署查照並希轉致該行知照可也等因並繪
具圖說前來即經本兼署以查此事關乎市政自應
一律辦理惟本案關係頗重應候呈請
外交部核示遵辦至此項修理費用究需若干應請
貴分處飭工估計分別前廈圍墻開具估單函送過
署以資轉呈而昭妥慎為此擬附草圖函達貴分處
即煩查照辦理迅速見復等語函致該分處去後茲
准復稱查西關筐市街路西有德華銀行市房一所
現因修理馬路市政公所囑將該市房前廈拆去曾

經函達並派員會同往勘在案嗣接貴公署函開准市政公所函稱該市房前廈拆退其南面圍牆至西首應讓足八尺方於路政無礙並坿繪圖壹紙囑即飭工估計開具估單函送過署以便呈請外交部核示遵辦等因茲已飭工分別前廈圍牆開具估册二份除以一份送請敝總處向部接洽外其餘一份並繪圖一紙用特專函奉上即祈查收轉呈等因並坿具略圖估册到 本兼署准此伏查自對德宣戰後德華銀行財產均係由我代理只有保管之責任今市政因屬要舉而修繕費約在二千元以上其房屋價格計銀二萬五千兩若不審慎辦理則事後有無枝

葉問題殊難懸揣前無成案可資参証復關條例足
備援引有無窒碍是否可行本兼特派交涉員未便擅
擬理合詳叙情由抄錄估册略圖各一件備文呈懇
鈞部鑒察迅予會商總清理處酌核令知俾便遵辦
實為公便謹呈
外交部
兼任特派山東交涉員唐柯三

計錄呈略圖估册各一件　略圖存原檔

計開

一柴家巷東口向北笸市街路西門面樓連大門一
間共七間前出厦面寬滿外約五丈六尺進深滿
外連厦約二丈一尺台基土襯石一層兩山后墻
堅脚外皮剁條石内備坡石高二尺四寸腰線磚
三層墻身除上蒙后墻仝砌坡石至頂后墻上蒙
自楼板砌工坯至頂四角磚柱斗匾磚山共前面
迺風塌風挑簷石磚池頭金柱簷柱楼方券木楼
板下蒙金内坎框[illegible]柱柞板安板打六間大門一
間厦簷垂珠連縈掛簷板竹節欄干上蒙金内坎
笸朴柱柞板屏門格子厦簷垂珠連縈上頂木架

大樑二樑掛柱杈手厦梁簷檩椽子掛也磚望板
底板盖板續簷連簷排檩鋪葦箔三層連厦全上
巴屁萬年灰各一層磚波封磚稍上寛桶瓦稍調
瓦花脊寛仰瓦查抅抹麻刀灰刷青漿内桶墻皮
上下當全泥麻刀灰至地地面鋪城磚灌砍子護
梯二架因築馬路全行拆去向後退挪九尺四寸
另刨槽下柳木梅花椿打灰土三步打實共厚一
尺八寸坡石填槽至地平其餘均按前註舊式尺
寸做法另修料物即舊添新於右

計開瓦作添新工料

柳木椿四萬五千斤

以上合洋 ‖18 百拾元

石灰三萬八千斤
坡石十五方
土襯石八丈
剁條石八丈
城磚八千個
巴磚一千五百個
板瓦五千片
襆瓦五百個
方磚七十五個
葦箔七十五個
黃土三百八十車

〣〥合洋〨〣百元
〤〥合洋〦〨〥十元
〣〨合洋〤〣〤元
〣〨合洋〣〤元
〡合洋〨十元
〦〩合洋十〣〥元
〤〣合洋〣〡十元
〦〥合洋〣〩〥元
〥〣合洋〣〩〥元
〣〨合洋〣〨〥元
〥〣合洋〣〤十元

麦穰八百五十斤　〦〨　合洋〧〡〨元

土坯一萬五千個　〥〣毛　合洋〤〨十元

麻刀二千五百斤　〨〣　合洋〣〡〨百元

引條釘子　合洋〤元

烟子二十斤　〡〦　合洋〣〩元

沙子五車　〢　合洋〡元

石匠工四十五個　〣〢　合洋〡〩十元

瓦作工二千五百個　連拆運打磨舊料等工needs　〡〨　合洋〧〡〨百元

瓦作工料合洋一千四百十八元六毛七分

計開木作工料

上下二蒙作板朴柱　合洋〡百元

蓋板底板望板 合洋〢十元

樓板一方五尺 合洋〡十元

板打五尺 合洋〣元

木工一千一百個連拆運工木架等原用不見新〢〩合洋〣〩百

木作工料合洋四百五十二元

瓦木二作工料共合洋一千八百七十元零六毛七分

一 西樓南山因柴家巷建築馬路有碍拆去退挪與

南牆外皮齊按北山原式修料物即舊添新於后

柳木樁五千五百斤 〤〦合洋〡〨〦〥十元

石灰四千五百斤 〣〥合洋〡〨〦〥十元

坡石一方五尺 〤〥合洋〡〦〥元

土襯石一丈　〣〣合洋〣〣毛

刴條石一丈　〨〣合洋〨〣毛

城磚六百五十個　〡合洋〡〨抗

黃土七十五車　〨〣合洋〣〤〢〦元

麥穰七十斤　〢〦合洋〨〢〦毛

麻刀七十五斤　〨〣合洋〣〤〢〨元

石匠工二個　〣〢合洋〡〤毛

瓦作工一百二十個　連拆卸運工　〢〨合洋〣〸元

瓦作工料合洋九十四元八毛七分五厘

一南棚子四間全行拆去退挪向北改修墻一段長

四丈四尺刨槽打灰土坡石填槽與地平台基[illegible]

石一層坡石堅脚高二尺四寸腰線磚三層墻身
砌坡石至頂簷高九尺五寸磚簷二層上宽仰瓦
查漫頭瓦脊拘抹麻刀灰刷青漿料物即舊添新
於右

石灰六千五百斤　〣〇合洋〢〢〇抗
破石二方五尺　〤〇合洋〸〢〇元
黄土四十五車　〇〣合洋〢〢〇抗
土襯石二丈五尺　〣〢合洋〤〇毛
城磚八百個　〡合洋〢抗
襍瓦二百個　〢〇合洋〡〇元
麻刀三十五斤　〇〣合洋〡〢〇〇元

烟子一斤　合洋〡〢毛

瓦作工一百八十個 連拆運棚子 〡〥 合洋〤〥十元

瓦作工料合洋九十四元三毛六分

一西屋拆去南間與改修東西墻外皮齊按北山做

法另築山一道料物即舊添新於后

瓦作工料合洋四十五元

一繩經架木器具　合洋六十元

一油篩工料　合洋四十元

以上物料用舊添新木瓦二作工料總共合大洋

二千二百零四元四毛零五厘

除此估册所有之外如原添換木料及續修等另行合價

收德華銀行總清理處函 民國七年七月十八日昃字第七百一號

逕啟者據濟南德華銀行清理處函稱接准濟南市政公所函開查西關桓市街有德華銀行市房一所接連門面六間其南牆即柴家巷現因修築馬路由本公所派員測勘據報該市房門面前廈應行拆退其西圍牆至西首應折足八尺方于路線無碍並繪圖呈覽等情前來據此除函交涉署警察廳外現在該行事宜既由貴處清理相應將原圖函送一份請即查照辦理等因敝處當即函交涉公署並派員會同往勘當據該公署函復此事關係頗鉅所有修理費用究需若干應先飭工開具估册再呈請外交部

核示遵辦等語敝處當即飭工按照市政公所函送
原圖分別前厦圜牆開具估冊工份除以一份送交
涉公署轉呈外部核示外另備一份並繪圖一紙函
送尊處鑒核即請向外部接洽妥後函示祇遵等因
並坿估冊一份繪圖一紙到來查該市房係德華銀
行前買辦金香蓀於任内拖欠德華銀行款項無力
償還乃扣留其自置之市房以為抵押令濟南市政
公所因修馬路欲令拆讓房地所有應給地價以及
拆修時一切費用應由濟南交涉員會同濟清理處
及市政公所議定相當數目如數照交濟清理處此
項辦法當已由濟交涉員呈報

貴部應如何辦理之處即希

貴部核定見復以便轉飭濟清理處遵照至紉公誼

此致

外交部

發德華銀行總清理處公函 民國七年七月二十四日 字第二二七號

逕啟者據特派山東交涉員呈稱濟南西関筐市街有德華銀行市房一所現市政公所因修築馬路欲將該市房前夏拆去曾據該銀行清理分處來函經派員會同往勘事屬可行又准市政公所以尚應拆退其南面圍墻至西首讓足八尺繪圖函送前來復經函請該分處飭工估計開送估單到署查該銀行財産由我代理只有保管之責今市政固屬要舉而修繕費約在二千元以上其房屋價格計銀二萬五千兩若不審慎辦理則事後有無枝節問題尚難懸揣請酌核令遵等情並坿送圖册前來正核辦間接准

來函以此案已據濟南德華銀行清理處報告並坿
估册繪圖各一份查該市房係德華銀行前買辦金
香蓀於任內拖欠該行款項無力償還乃扣留其自
置之市房以為抵押今濟南市政公所因修馬路欲
令拆讓房地所有應給地價以及拆修時一切費用
應由交涉員會同清理處及市政公所議定相當數
目如數照交該清理分處究應如何辦理希核覆等
因查此事既關係市政未便阻止自應由市政公所
將地價暨拆修等費給還相當數目俾無碍及該行
抵押款項應准如所擬辦理除指令該特派員遵照
外相應函復

貴處查照飭知濟南清理處遵照可也此致

發特派山東交涉員指令 民國七年七月二十七日協字第二一五二號

外交部指令

據呈濟南市政公所因修馬路須將德華銀行市房前廈及圍牆分別拆退等情並坿圖册均悉正核辦間准德華銀行總清理處函稱查該市房係德華銀行前買辦金香蓀於任內拖欠該行款項無力償還乃扣留其自置之市房以為抵押今濟南市政公所因修馬路欲令拆讓房地所有應給地價以及拆修時一切費用應由濟南交涉員會同清理處及市政公所議定相當數目如數照交該清理處等因應即照該總清理處所擬辦法辦理除函復轉飭濟南清

理處遵照外合行令仰該特派員遵照此令

收山東特派員代電 民國七年十月九日

濟南市政公所因修馬路須將德華銀行市房前廈及圍墻分別拆退一案經柯三呈奉大部和字第七四號指令以所有應給地價及拆修時一切費用應由柯三會同清理處及市政公所議定相當數目俾無礙及該行抵押款項等因奉此遵即與清理分處會函市政公所查照辦理並派員會同該處所協議茲准市政公所函開查柴家巷馬路即日開工沿途房宅已先後拆讓該市房樓角圍墻實礙通行擬勘該房起東首後樓應拆讓一尺三寸至西首平房應拆讓八尺唯查本省會各街官道向日均曾被民房

佔用是以所有各市房民宅妨礙路線者概係自行
拆讓德華銀行市房係外欠押品與各房宅本應一
律辦理惟現因外交關係該行財產由我保管係屬
特别情形兹經議定暫由本公所飭工拆修一切費
用即由本公所請領修築馬路經費項下墊支俟該
銀行恢復原狀時再行函請償還至讓出地基係以
前佔用官道實無應給何項地價除函德華銀行清
理分處外為此特函貴署即報請外交部暨總清
理處核示以憑動工案關市政望速施行等因附圖
一紙前來查此項馬路工程亟待建築所有該公所
函議各節經本署與清理分處會同核議尚屬允協

除總清理處由該分處具報外理合附繪簡圖一紙
具電鈞部俯賜鑒核迅予電復遵行實為公便特派
山東交涉員唐柯三叩魚印
附圖一紙送司
存原檔

收財政部德華銀行總清理處函 民國七年十月十日炅字第三千八百五十六號

迳啟者案據濟南德華銀行清理處函稱頃准山東省會市政公所來函內稱德華銀行市房因妨碍柴家巷馬路路線函須拆讓情形前經本所分別函商并派員會同貴處協議辦法在案查柴家巷馬路即日開工沿路房宅均已先後拆讓該市房樓角圍墻實碍通行據勘該市房起東首後樓應拆讓一尺三寸至西首平房應拆讓八尺惟查本省會各街官道向日均曾被民房佔用是以所有各市房民宅妨碍路線者概係自行拆讓德華銀行市房係外欠押品與各房宅本應一律辦理惟現因外交關係該行財

產由我保管係屬特別情形茲經議定暫由本公所
飭工拆修一切費用即由本公所請領修築馬路經
費項下墊支俟該銀行恢復原狀時再行函請償還
至讓出地基係以前佔用官道實無應給何項地價
為此特函貴處布即報請外交部暨德華銀行總清
理處核示以憑動工案關市政望速施行並附圖樣
一紙等語相應函請核示等因本總處據此除函飭
濟南清理處會同山東特派交涉員妥行辦理外用
特函達
貴部查照備案此致
外交部

發特派山東交涉員代電　民國七年十月十七日協字第三〇〇號

魚電附圖一紙均悉濟南市政公所因修馬路須將德華銀行市房前廈及圍墻分別拆退該公所議將一切費用暫行墊支俟該銀行恢復原狀時再函請償還至讓出地基係以前佔用官道實無應給何項地價各節正核辦間准德華銀行總清理處來函以此事已據濟南清理處報告當經函飭該處會同山東特派交涉員妥行辦理請查照備案等因希遵照辦理特復外交部